낭독하는 입트영

낭독하는 입트영 ❷테크줍줍 편

초판 1쇄 발행 2025년 5월 2일

지은이 이현석
편집 홍하늘 강지희 백지연
디자인 박새롬 오현정
마케팅 두잉글 사업본부

펴낸이 이수영
펴낸곳 롱테일북스
출판등록 제2015-000191호
주소 04033 서울특별시 마포구 양화로 113, 3층(서교동, 순흥빌딩)
전자메일 team@ltinc.net

이 도서는 대한민국에서 제작되었습니다.
롱테일북스는 롱테일㈜의 출판 브랜드입니다.

ISBN 979-11-93992-48-7 13740

낭독하는 입트영

❷ 테크줍줍 편

1일 1낭독으로 티나는 영어 공부

이현석 지음

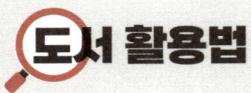

도서 활용법

→ 학습을 시작하기 앞서, **주제 토론 질문**을 활용하여 주제에 대한 여러분의 생각을 공유해 보세요.

→ 본문과 대화문의 **오디오 음원**을 들어 보세요.

우리말 본문을 먼저 읽으며 내용을 파악해 보세요.

영어 본문에 나온 **주요 표현**을 학습해 보세요. 네이티브들이 자주 사용하는 표현들로 구성했어요.

끊어 읽기와 **강세** 표시를 따라 **낭독**해 보세요. 문장을 적절히 끊어 읽으며 강세를 넣다 보면 어느 순간 네이티브처럼 말하고 있을 거예요.

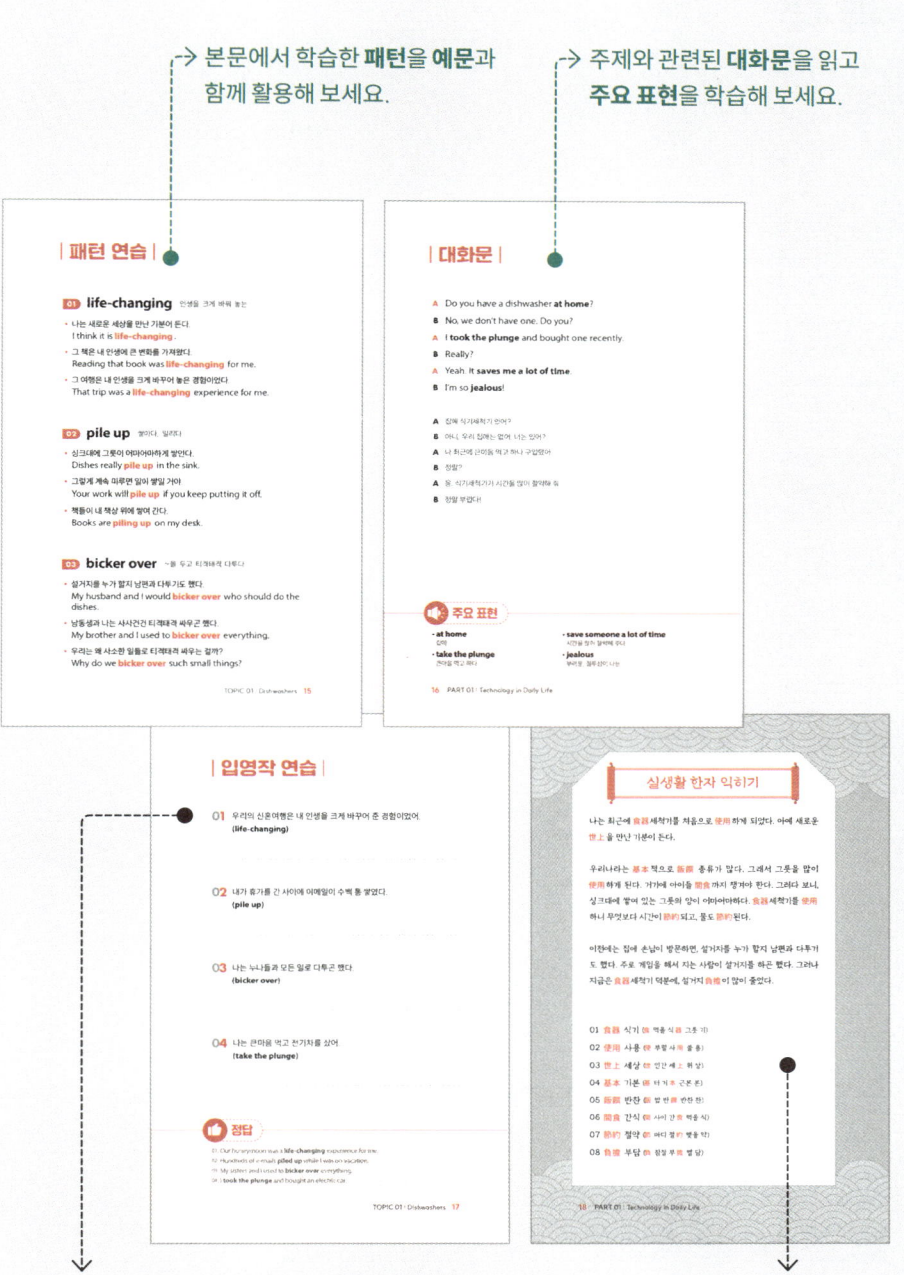

목차

PART 1 Technology in Daily Life

TOPIC 01	식기세척기 Dishwashers	11
TOPIC 02	로봇 청소기 Robotic Vacuum Cleaners	19
TOPIC 03	빨래 건조기 Clothes Dryers	27
TOPIC 04	무선 이어폰 Wireless Earphones	35
TOPIC 05	생체 인식 기술 Biometric Technology	43
TOPIC 06	전자책 E-books	51
TOPIC 07	오디오북 Audiobooks	59
TOPIC 08	웹툰 Webtoons	67
TOPIC 09	챗GPT ChatGPT	75
TOPIC 10	미래의 AI 서비스 Future AI Services	83

PART 2 Technology in Society

TOPIC 11	단체 채팅방 Group Chats	93
TOPIC 12	온라인 장보기 Online Grocery Shopping	101
TOPIC 13	중고 거래 앱 Used Goods Trading Apps	109

TOPIC 14	구독 서비스 Subscription Services	117
TOPIC 15	플랫폼 노동자 Platform Workers	125
TOPIC 16	스마트 버스 정류장 Smart Bus Stops	133
TOPIC 17	디지털 노마드 Digital Nomads	141
TOPIC 18	AI 알고리즘 AI Algorithms	149
TOPIC 19	현금 없는 사회 Cashless Society	157

PART 3 Social Challenges in the Rise of Technology

TOPIC 20	소셜 미디어 Social Media	167
TOPIC 21	소셜 미디어 중독 Social Media Addiction	175
TOPIC 22	피싱 사기 Phishing Schemes	183
TOPIC 23	노모포비아 Nomophobia	191
TOPIC 24	온라인 댓글 Online Comments	199

PART 1

일상생활 속 과학 기술

Technology in Daily Life

TOPIC 01

오디오 듣기

식기세척기

Dishwashers

💬 주제 토론 질문

01 **What are the benefits of dishwashers?**
식기세척기의 장점은 무엇인가요?

02 **Talk about the process of doing the dishes.**
설거지하는 과정을 말해 보세요.

03 **Why do you think dishwashers are becoming more and more common?**
식기세척기가 점점 더 보편화되고 있는 이유는 무엇이라고 생각하나요?

| 우리말 본문 |

식기세척기

나는 최근에 식기세척기를 처음으로 사용하게 되었다. 아예 새로운 세상을 만난 기분이 든다.

우리나라는 기본적으로 반찬 종류가 많다. 그래서 그릇을 많이 사용하게 된다. 거기에 아이들 간식까지 챙겨야 한다. 그러다 보니, 싱크대에 쌓여 있는 그릇의 양이 어마어마하다. 식기세척기를 사용하니 무엇보다 시간이 절약되고, 물도 절약된다.

이전에는 집에 손님이 방문하면, 설거지를 누가 할지 남편과 다투기도 했다. 주로 게임을 해서 지는 사람이 설거지를 하곤 했다. 그러나 지금은 식기세척기 덕분에, 설거지 부담이 많이 줄었다.

| 영어 본문 |

Dishwashers

I recently began using a **dishwasher for the first time**. I think it is **life-changing**.

Korean meals include a lot of **side dishes**. So we use a lot of dishes. Plus, I have to **prepare snacks** for the kids. The dishes really **pile up** in the sink. Using a dishwasher is **a big time-saver**, and it also uses less water.

When guests **came over** in the past, my husband and I would **bicker over** who should **do the dishes**. We usually played a game, and the loser would have to do it. But nowadays, **washing the dishes** is **less of a burden**, thanks to the dishwasher.

주요 표현

- **dishwasher**
  식기세척기
- **for the first time**
  처음으로
- **life-changing**
  인생을 크게 바꿔 놓는
- **side dish(es)**
  반찬
- **prepare snacks**
  간식을 준비하다
- **pile up**
  쌓이다, 밀리다
- **a big time-saver**
  시간을 많이 절약해 주는 것
- **come over**
  방문하다
- **bicker over**
  ~을 두고 티격태격 다투다
- **do the dishes
  (=wash the dishes)**
  설거지를 하다
- **less of a burden**
  부담이 덜한

| 낭독 연습 |

/ 끊어 읽기   ● 강세 넣기

I **re**cently began **u**sing a **dish**washer / for the **first** t**i**me. /
I **think** it is **li**fe-changing.

Ko**rean meals** / in**clu**de a **lot** of **si**de dishes. / **So** / we **use** a **lot** of **dish**es. / **Plus**, / I have to pre**pa**re **snack**s / for the **kids**. / The **dish**es **real**ly pile **up** / in the **sink**. / **U**sing a **dish**washer / is a **big ti**me-saver, / and it **al**so uses **less wa**ter.

When **guests** came **o**ver / in the **past**, / my **hus**band and I would **bic**ker over / **who** should **do** the **dish**es. / We **u**sually **play**ed a **ga**me, / and the **lo**ser would **ha**ve to **do** it. / But **now**adays, / **wash**ing the **dish**es / is **less** of a **bur**den, / **thanks** to the **dish**washer.

| 패턴 연습 |

01 **life-changing** 인생을 크게 바꿔 놓는

- 나는 새로운 세상을 만난 기분이 든다.
  I think it is **life-changing**.
- 그 책은 내 인생에 큰 변화를 가져왔다.
  Reading that book was **life-changing** for me.
- 그 여행은 내 인생을 크게 바꾸어 놓은 경험이었다.
  That trip was a **life-changing** experience for me.

02 **pile up** 쌓이다, 밀리다

- 싱크대에 그릇이 어마어마하게 쌓인다.
  Dishes really **pile up** in the sink.
- 그렇게 계속 미루면 일이 쌓일 거야.
  Your work will **pile up** if you keep putting it off.
- 책들이 내 책상 위에 쌓여 간다.
  Books are **piling up** on my desk.

03 **bicker over** ~을 두고 티격태격 다투다

- 설거지를 누가 할지 남편과 다투기도 했다.
  My husband and I would **bicker over** who should do the dishes.
- 남동생과 나는 사사건건 티격태격 싸우곤 했다.
  My brother and I used to **bicker over** everything.
- 우리는 왜 사소한 일들로 티격태격 싸우는 걸까?
  Why do we **bicker over** such small things?

| 대화문 |

A Do you have a dishwasher **at home**?
B No, we don't have one. Do you?
A I **took the plunge** and bought one recently.
B Really?
A Yeah. It **saves me a lot of time**.
B I'm so **jealous**!

A 집에 식기세척기 있어?
B 아니, 우리 집에는 없어. 너는 있어?
A 나 최근에 큰마음 먹고 하나 구입했어.
B 정말?
A 응. 식기세척기가 시간을 많이 절약해 줘.
B 정말 부럽다!

 주요 표현

- **at home**
  집에
- **take the plunge**
  큰마음 먹고 하다
- **save someone a lot of time**
  시간을 많이 절약해 주다
- **jealous**
  부러운, 질투심이 나는

| 입영작 연습 |

01 우리의 신혼여행은 내 인생을 크게 바꾸어 준 경험이었어.
(life-changing)

02 내가 휴가를 간 사이에 이메일이 수백 통 쌓였다.
(pile up)

03 나는 누나들과 모든 일로 다투곤 했다.
(bicker over)

04 나는 큰마음 먹고 전기차를 샀어.
(take the plunge)

 정답

01. Our honeymoon was a **life-changing** experience for me.
02. Hundreds of e-mails **piled up** while I was on vacation.
03. My sisters and I used to **bicker over** everything.
04. I **took the plunge** and bought an electric car.

실생활 한자 익히기

나는 최근에 食器세척기를 처음으로 使用하게 되었다. 아예 새로운 世上을 만난 기분이 든다.

우리나라는 基本적으로 飯饌 종류가 많다. 그래서 그릇을 많이 使用하게 된다. 거기에 아이들 間食까지 챙겨야 한다. 그러다 보니, 싱크대에 쌓여 있는 그릇의 양이 어마어마하다. 食器세척기를 使用하니 무엇보다 시간이 節約되고, 물도 節約된다.

이전에는 집에 손님이 방문하면, 설거지를 누가 할지 남편과 다투기도 했다. 주로 게임을 해서 지는 사람이 설거지를 하곤 했다. 그러나 지금은 食器세척기 덕분에, 설거지 負擔이 많이 줄었다.

01 食器 식기 (食 먹을 식 器 그릇 기)
02 使用 사용 (使 부릴 사 用 쓸 용)
03 世上 세상 (世 인간 세 上 위 상)
04 基本 기본 (基 터 기 本 근본 본)
05 飯饌 반찬 (飯 밥 반 饌 반찬 찬)
06 間食 간식 (間 사이 간 食 먹을 식)
07 節約 절약 (節 마디 절 約 맺을 약)
08 負擔 부담 (負 짐질 부 擔 멜 담)

TOPIC 02

오디오 듣기

로봇 청소기

Robotic Vacuum Cleaners

주제 토론 질문

01 **What are the pros and cons of robotic vacuums?**
로봇 청소기의 장단점은 무엇인가요?

02 **With the development of AI, how have robotic vacuums changed?**
AI의 발전으로, 로봇 청소기는 어떻게 변화했나요?

03 **Robotic vacuums are quite expensive. Do you think they are worth buying?**
로봇 청소기는 가격이 꽤 비쌉니다. 구매할 가치가 있다고 생각하나요?

| 우리말 본문 |

로봇 청소기

AI 기술의 발전으로 요즘 로봇 청소기는 차원이 다른 수준으로 진화했습니다. 휴대폰 앱으로 진행 상황 등을 확인할 수 있습니다. 또한 음성 제어 기능이 있어서, 말로 명령을 내릴 수도 있습니다.

로봇 청소기는 납작한 원통 모양입니다. 기계 안에 필터와 먼지통이 있습니다. 최신 제품들에는 물걸레까지 장착되어 있습니다. 그래서 먼지를 청소하고 동시에 바닥도 닦을 수 있습니다. 충전대에서는, 스스로 먼지통을 비우고 물걸레를 빨기도 합니다.

로봇 청소기를 가지고 있으면, 집을 깔끔하게 유지하는 습관이 생깁니다. 집도 항상 정리정돈되어 있으니 금상첨화입니다.

영어 본문

Robotic Vacuum Cleaners

Thanks to AI technology, **robotic vacuum cleaners** these days **are in a different league**. You can **get status updates** on a mobile app. They also have **voice control features**, so you can **make vocal commands**.

Robotic vacuums look like **flat cylinders**. They contain filters and a **dust bag**. The latest models even have **mop pads**. That means they can **sweep up the dust** and **mop up the floor** at the same time. At the **charging dock**, they empty the dust bag and wash the mop pad by themselves.

If you have a robotic vacuum, keeping your home **nice and tidy becomes a habit**. A tidy home is **icing on the cake**.

주요 표현

- **robotic vacuum (cleaner)**
  로봇 청소기
- **be in a different league**
  차원이 다르다, 훨씬 좋다
- **get status updates**
  상태를 업데이트받다
- **voice control feature**
  음성 제어 기능
- **make vocal commands**
  말로 명령을 내리다
- **flat cylinder**
  납작한 원통
- **dust bag**
  먼지통
- **mop pad**
  물걸레 패드
- **sweep up the dust**
  먼지를 쓸어 담다
- **mop up the floor**
  바닥을 물걸레로 닦다
- **charging dock**
  충전대
- **nice and tidy**
  보기 좋고 깔끔한
- **become a habit**
  습관이 되다
- **icing on the cake**
  금상첨화, 또 다른 이점

| 낭독 연습 |

⊘ 끊어 읽기 ● 강세 넣기

Thanks to A**I** tech**no**logy, / ro**bo**tic **va**cuum cleaners these **days** / are in a **di**fferent **lea**gue. / You can get **sta**tus **up**dates / on a **mo**bile **app**. / They **al**so have **voi**ce control **fea**tures, / so you can **ma**ke **vo**cal com**mands**.

Ro**bo**tic **va**cuums / **look** like **flat cy**linders. / They con**tain fi**lters / and a **dust** bag. / The **la**test **mo**dels **e**ven have **mop** pads. / **That** means / they can sweep **up** the **dust** / and mop **up** the **floor** / at the **sa**me time. / At the **char**ging dock, / they **emp**ty the **dust** bag / and **wash** the **mop** pad / by them**sel**ves.

If you have a ro**bo**tic **va**cuum, / **keep**ing your home **ni**ce and **ti**dy / becomes a **ha**bit. / A **ti**dy home / is **i**cing on the **ca**ke.

| 패턴 연습 |

01 be in a different league 차원이 다르다, 훨씬 좋다

- 요즘 로봇 청소기는 예전에 비해 훨씬 좋아졌다.
  Robotic vacuum cleaners these days **are in a different league** from earlier models.
- 그녀는 차원이 다르다는 것을 누구나 공감한다.
  Everyone agrees that she **is in a different league**.
- 여기 인터넷 속도는 차원이 다르다.
  The internet speed here **is in a different league**.

02 get status updates 상태를 업데이트받다

- 모바일 앱으로 진행 상태를 업데이트받을 수 있다.
  You can **get status updates** on a mobile app.
- 택배 배송 상태를 쉽게 확인할 수 있다.
  You can easily **get status updates** of your package delivery.
- 우리는 휴대폰으로 상태 업데이트를 정기적으로 받을 수 있다.
  We can regularly **get status updates** on our phones.

03 icing on the cake 금상첨화, 또 다른 이점

- 집이 항상 정리정돈되어 있으니 금상첨화이다.
  A tidy house is **icing on the cake**.
- 금상첨화로 가격까지 합리적이다.
  Reasonable prices are **icing on the cake**.
- 지하철역까지 가까운 거리가 또 다른 이점이다.
  The close distance to the subway station is **icing on the cake**.

| 대화문 |

A Do you use a robotic vacuum cleaner?
B Of course. I use it almost every day.
A I bought a product from **the early days**. I **barely use it** now.
B **The latest models** are **way ahead of** those early products.
A Really?
B Yeah. They **do a passable job** of cleaning.

A 로봇 청소기 쓰세요?
B 그럼요. 거의 매일 쓰죠.
A 저는 초창기 제품을 샀어요. 요즘은 거의 잘 안 써요.
B 요즘 최신 제품들은 초창기 제품보다 훨씬 좋아졌어요.
A 그래요?
B 네. 청소도 제법 깨끗하게 잘하는 편이에요.

주요 표현

- **the early days**
  초창기
- **barely use something**
  거의 사용하지 않다
- **the latest model**
  최신 모델
- **way ahead of**
  훨씬 낫다, 앞서가다
- **do a passable job**
  그럭저럭 괜찮게 하다

PART 01 | Technology in Daily Life

| 입영작 연습 |

01 신규 AI 반도체의 성능은 아예 차원이 다르다.
(be in a different league)

02 상태를 계속 업데이트받을 수 있는 점이 좋다.
(get status updates)

03 그 멋진 디자인은 금상첨화이다.
(icing on the cake)

04 나의 새 노트북은 기존에 쓰던 제품보다 성능이 훨씬 좋다.
(way ahead of)

 정답

01. The functions of the new AI chips **are in a different league**.
02. I like that I can keep **getting status updates**.
03. The cool design is **icing on the cake**.
04. My new laptop is **way ahead of** my old one.

실생활 한자 익히기

AI 기술의 發展으로 요즘 로봇 청소기는 차원이 다른 수준으로 進化했습니다. 휴대폰 앱으로 進行 상황 등을 확인할 수 있습니다. 또한 음성 制御 기능이 있어서, 말로 명령을 내릴 수도 있습니다.

로봇 청소기는 납작한 圓筒 모양입니다. 기계 안에 필터와 먼지통이 있습니다. 최신 제품들에는 물걸레까지 장착되어 있습니다. 그래서 먼지를 청소하고 동시에 바닥도 닦을 수 있습니다. 充電대에서는, 스스로 먼지통을 비우고 물걸레를 빨기도 합니다.

로봇 청소기를 가지고 있으면, 집을 깔끔하게 유지하는 習慣이 생깁니다. 집도 항상 정돈되어 있으니 錦上添花입니다.

01 發展 발전 (發 필 발 展 펼 전)
02 進化 진화 (進 나아갈 진 化 될 화)
03 進行 진행 (進 나아갈 진 行 다닐 행)
04 制御 제어 (制 억제할 제 御 거느릴 어)
05 圓筒 원통 (圓 둥글 원 筒 통 통)
06 充電 충전 (充 채울 충 電 번개 전)
07 習慣 습관 (習 익힐 습 慣 버릇 관)
08 錦上添花 금상첨화 (錦 비단 금 上 위 상 添 더할 첨 花 꽃 화)

TOPIC 03

오디오 듣기

빨래 건조기

Clothes Dryers

 주제 토론 질문

01 **What are some useful features on clothes dryers?**
빨래 건조기의 유용한 기능은 무엇인가요?

02 **What are some famous brands for dryers? Which do you prefer?**
유명한 건조기 브랜드에는 어떤 것들이 있나요? 어떤 브랜드를 선호하나요?

03 **Describe how to prevent damaging delicate clothes in a clothes dryer.**
섬세한 옷이 건조기 안에서 손상되는 것을 방지하는 방법을 말해 보세요.

| 우리말 본문 |

빨래 건조기

최근 몇 년 사이, 빨래 건조기를 구입하는 가정이 더욱더 늘고 있다.

건조기는 빨래를 널어 말리는 번거로움을 덜어 준다. 그래서 빨래 시간이 훨씬 줄어든다. 빨래 건조대 또한 설치할 필요가 없다. 그래서 집의 미관에도 도움이 된다. 뿐만 아니라, 습한 장마철에 옷에서 퀴퀴한 냄새가 날까 걱정할 필요도 없다.

이러한 편리함 때문에, 최근 건조기 판매가 급증하고 있다. 건조기에 대한 TV 광고도 많이 볼 수 있다. 최신 인기 제품 중에는 세탁기와 일체형으로 나오는 건조기도 있다.

| 영어 본문 |

Clothes Dryers

In the last few years, more and more **households** have been buying **clothes dryers**.

Clothes dryers **save the trouble of hanging out the laundry** to dry. This is **a big time-saver**. You also don't need to set up a **laundry rack**. So, it helps **improve the ambience** inside a home. You also don't need to worry about the **funky smell** from your clothes during the **humid rainy season**.

Because of this convenience, **tumble dryers** are **selling like hotcakes** these days. You can see a lot of **TV commercials** for them. Among the popular newer products are **washer-dryer combos**.

 주요 표현

- **household**
  가정, 세대
- **clothes dryer(=tumble dryer)**
  빨래 건조기
- **save the trouble of**
  수고를 덜어 주다
- **hang out the laundry**
  빨래를 널어 말리다
- **a big time-saver**
  시간을 많이 절약해 주는 것
- **laundry rack**
  빨래 건조대
- **improve the ambience**
  미관을 개선하다
- **funky smell**
  불쾌한 냄새, 퀴퀴한 냄새
- **humid rainy season**
  습한 장마철
- **sell like hotcakes**
  날개 돋친 듯이 잘 팔리다
- **TV commercial**
  TV 광고
- **washer-dryer combo**
  일체형 세탁기-건조기

| 낭독 연습 |

In the **last** few **years**, / **mo**re and more **hou**seholds / have been **buy**ing **clo**thes dryers.

Clothes dryers **sa**ve the **trou**ble / of hanging **out** the **laun**dry to **dry**. / **This** is a **big ti**me-saver. / You **al**so don't **need** to / set **up** a **laun**dry rack. / So, / it **helps** im**pro**ve the **am**bience / in**si**de a **ho**me. / You **al**so don't **need** to **wo**rry about / the **fun**ky **smell** from your **clo**thes / during the **hu**mid **rai**ny season.

Because of this con**ve**nience, / **tum**ble dryers / are **sell**ing like **hot**cakes these **days**. / You can **see** a **lot** of TV com**mer**cials / for them. / Among the **po**pular **new**er **pro**ducts / are **wash**er-dryer **com**bos.

| 패턴 연습 |

01 save the trouble of 수고를 덜어 주다

- 건조기는 빨래를 널어 말리는 번거로움을 덜어 준다.
  Clothes dryers **save the trouble of** hanging out the laundry to dry.
- AI를 사용하면 수작업으로 하는 수고를 덜 수 있다.
  Using AI **saves the trouble of** doing something by hand.
- 대중교통을 이용하면 주차하는 번거로움을 겪지 않아도 된다.
  Taking public transportation **saves the trouble of** parking.

02 a big time-saver 시간을 많이 절약해 주는 것

- 이것은 시간을 훨씬 절약해 준다.
  This is **a big time-saver**.
- 온라인 쇼핑은 매장에 갈 필요가 없기 때문에 시간이 많이 절약된다.
  Online shopping is **a big time-saver** because you don't have to go to the store.
- 전날 밤에 옷을 미리 골라 두면 준비 시간이 확 줄어든다.
  Picking out your clothes the night before is **a big time-saver**.

03 funky smell 불쾌한 냄새, 쾨쾨한 냄새

- 빨래에서 쾨쾨한 냄새가 날까 걱정할 필요가 없다.
  You don't need to worry about the **funky smell** from your laundry.
- 이 음식은 조금 특이한 냄새가 나지만, 나는 그걸 좋아한다.
  This dish has a **funky smell**, but I like it.
- 내 신발에서 쾨쾨한 냄새가 났다.
  My shoes had a **funky smell**.

| 대화문 |

A We bought a clothes dryer.
B Really?
A Yeah. Our **washing machine** was almost 10 years old.
B I see.
A So we **switched to** a washer-dryer combo.
B **Good for you**. Wasn't it **on the pricey side**?

A 우리 집에 건조기를 샀어.
B 정말?
A 응. 쓰던 세탁기가 10년이 다 되었어.
B 그랬구나.
A 그래서 아예 세탁기와 건조기 일체형 제품으로 교체했어.
B 잘했네. 가격대가 조금 비싼 편은 아니었어?

 주요 표현

- **washing machine**
  세탁기
- **switch to**
  ~으로 바꾸다, 교체하다
- **Good for you**
  잘했네
- **on the pricey side**
  비싼 편인

| 입영작 연습 |

01 온라인상에서 주문하면 실제 상점에 가는 수고를 덜 수 있다.
(save the trouble of)

....

02 지하철을 타면 시간이 많이 절약될 수 있다.
(a big time-saver)

....

03 냉장고에서 쾨쾨한 냄새가 나고 있다.
(funky smell)

....

04 음식이 꽤 괜찮긴 한데, 가격이 비싼 편이다.
(on the pricey side)

....

 정답

01. Ordering online can **save the trouble of** going to an actual store.
02. Taking the subway can be **a big time-saver**.
03. There is a **funky smell** coming from the refrigerator.
04. The food is pretty good, but it's **on the pricey side**.

실생활 한자 익히기

최근 몇 년 사이, 빨래 乾燥機를 구입하는 家庭이 더욱더 늘고 있다.

乾燥機는 빨래를 널어 말리는 번거로움을 덜어 준다. 그래서 빨래 시간이 훨씬 줄어든다. 빨래 건조대 또한 設置할 필요가 없다. 그래서 집의 美觀에도 도움이 된다. 뿐만 아니라, 습한 장마철에 옷에서 퀴퀴한 냄새가 날까 걱정할 필요도 없다.

이러한 便利함 때문에, 최근 乾燥機 販賣가 急增하고 있다. 乾燥機에 대한 TV 광고도 많이 볼 수 있다. 최신 인기 제품 중에는 세탁기와 一體형으로 나오는 乾燥機도 있다.

01 乾燥機 건조기 (乾 마를 건 燥 마를 조 機 틀 기)
02 家庭 가정 (家 집 가 庭 뜰 정)
03 設置 설치 (設 베풀 설 置 둘 치)
04 美觀 미관 (美 아름다울 미 觀 볼 관)
05 便利 편리 (便 편할 편 利 이로울 리)
06 販賣 판매 (販 팔 판 賣 팔 매)
07 急增 급증 (急 급할 급 增 더할 증)
08 一體 일체 (一 하나 일 體 몸 체)

TOPIC 04

오디오 듣기

무선 이어폰

Wireless Earphones

주제 토론 질문

01 Do you prefer wireless or wired earphones? Explain your preference.
무선과 유선 이어폰 중 무엇을 선호하나요? 선호하는 것을 말해 보세요.

02 What would you do if you lost one wireless earphone, but still had the other?
무선 이어폰 한쪽을 잃어버려서, 다른 한쪽만 남았다면 어떻게 할 것 같나요?

03 When are wireless earphones the most helpful? Give specific examples.
무선 이어폰이 가장 유용할 때는 언제인가요? 구체적인 예시를 들어 주세요.

| 우리말 본문 |

무선 이어폰

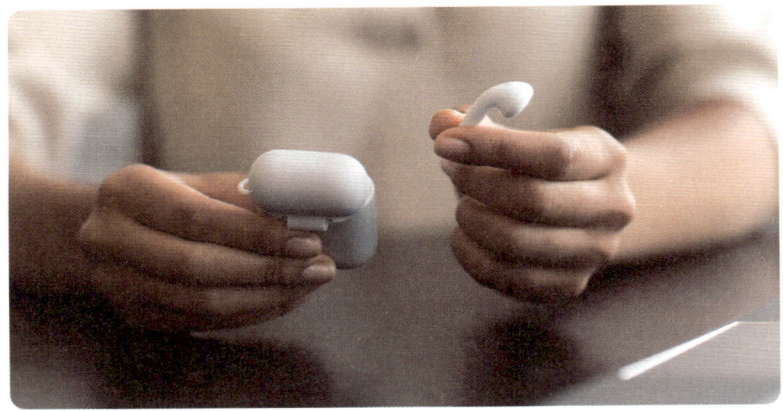

요즘은 무선 이어폰이 매우 보편화되었습니다. 그러나 이 제품들은 가격대가 꽤 높습니다. 연결 상태도 불안정할 수 있습니다. 또한, 유선 기기에 비해 음질이 떨어지기도 합니다.

그럼에도 불구하고, 활동성이 보장된다는 것이 무선 이어폰의 가장 큰 매력입니다. 물론, 아날로그 감성 때문에 여전히 유선 이어폰을 고집하는 사람들도 존재합니다.

며칠 전, 무선 이어폰 케이스를 열었다가 깜짝 놀랐습니다. 오른쪽 이어폰이 있어야 할 자리가 비어 있었습니다. 지금은 궁여지책으로 한쪽 이어폰으로만 듣고 있습니다. 다시 유선으로 돌아갈지 고민 중입니다.

영어 본문

Wireless Earphones

Wireless earphones have **become very commonplace**. But these earbuds are quite **pricey**. They might **have an unstable connection**. Also, the audio quality isn't as good as wired devices.

But despite all that, the **biggest selling point** is their **freedom of movement**. Of course, there are people who **still insist on** using wired earphones because of their **analog charm**.

A few days ago, I **was startled** when I opened my earphone case. The right earbud slot in the case was empty. I'm listening on just one side now **as a last resort**. I'm **debating** whether to **go back to wired**.

 주요 표현

- **become very commonplace**
  매우 보편화되다
- **pricey**
  가격대가 있는
- **have an unstable connection**
  연결 상태가 불안정하다
- **biggest selling point**
  가장 큰 매력, 최대 장점
- **freedom of movement**
  활동성, 자유로운 움직임
- **still insist on**
  여전히 ~을 고수하다
- **analog charm**
  아날로그의 매력
- **be startled**
  놀라다, 당황하다
- **as a last resort**
  궁여지책으로, 최후의 수단으로
- **debate**
  고민하다, 고심하다
- **go back to wired**
  유선 기기로 돌아가다

| 낭독 연습 |

/ 끊어 읽기　　● 강세 넣기

Wireless **ear**phones / have become **ve**ry common **pla**ce. / But these **ear**buds / are **quite pri**cey. / They might have an un**sta**ble con**nec**tion. / **Al**so, / the **au**dio quality / **isn't** as **good** as **wi**red de**vi**ces.

But des**pi**te all **that**, / the **bi**ggest **se**lling point / is their **free**dom of **mo**vement. / Of **course**, / there are **peo**ple / who **still** in**sist** on using **wi**red **ear**phones / because of their **a**nalog **charm**.

A **few** days ago, / I was **star**tled / when I **o**pened my **ear**phone case. / The **right ear**bud slot in the **case** / was **emp**ty. / I'm **lis**tening on just **one** side **now** / as a **last** re**sort**. / I'm de**ba**ting / whether to go **back** to **wi**red.

| 패턴 연습 |

`01` have an unstable connection
연결 상태가 불안정하다

- 무선 이어폰은 연결 상태가 불안정할 수도 있다.
  Wireless earbuds might **have an unstable connection**.
- 연결 상태가 불안정해서 잘 듣지 못했다.
  I couldn't hear well because I **had an unstable connection**.
- 그 건물 안에서는 연결 상태가 불안정한 경우가 많다.
  People often **have an unstable connection** in that building.

`02` biggest selling point 가장 큰 매력, 최대 장점

- 활동성이 보장된다는 것이 가장 큰 매력이다.
  The **biggest selling point** is their freedom of movement.
- 가장 큰 장점은 배터리가 오래간다는 것이다.
  The **biggest selling point** is its long battery life.
- 가장 큰 장점은 연비가 뛰어나다는 것이다.
  The **biggest selling point** is its fuel efficiency.

`03` as a last resort 궁여지책으로, 최후의 수단으로

- 지금은 궁여지책으로 한쪽으로만 듣고 있다.
  I'm listening on just one side now **as a last resort**.
- 그건 최후의 수단으로만 사용하는 편이다.
  I only use that **as a last resort**.
- 궁여지책으로, 부모님께 돈을 빌릴 수밖에 없었다.
  As a last resort, I had to borrow money from my parents.

| 대화문 |

A Why are you only wearing one earbud?

B I lost the other one.

A Oh no. **I have been there**, too.

B It's so easy to **misplace** one.

A That's right.

B They **don't come cheap**, so I can't just buy a new one.

A 이어폰을 왜 한쪽만 끼고 계세요?

B 다른 한쪽을 잃어버렸어요.

A 아이고. 저도 그런 적 있어요.

B 이렇게 한쪽을 잃어버리기 너무 쉬워요.

A 맞아요.

B 가격도 비싸서, 새로 구매하려니 부담도 되네요.

 주요 표현

- **I have been there**
  그런 경험이 있다
- **misplace**
  잃어버리다
- **don't come cheap**
  가격이 만만치 않다

| 입영작 연습 |

01 연결 상태가 좋지 못해 통화가 어려웠다.
(**have an unstable connection**)

02 최대 장점은 바다가 보이는 멋진 전망이다.
(**biggest selling point**)

03 나는 이 약을 최후의 수단으로만 사용한다.
(**as a last resort**)

04 요즘은 과일과 채소값이 비싼 편이다.
(**don't come cheap**)

 정답

01. I **had an unstable connection**, so talking on the phone wasn't easy.
02. The **biggest selling point** is the stunning ocean view.
03. I only use this medicine **as a last resort**.
04. Fruits and vegetables **don't come cheap** these days.

실생활 한자 익히기

요즘은 무선 이어폰이 매우 普遍化되었습니다. 그러나 이 製品들은 가격대가 꽤 높습니다. 연결 상태도 不安定할 수 있습니다. 또한, 유선 기기에 비해 음질이 떨어지기도 합니다.

그럼에도 불구하고, 活動性이 보장된다는 것이 무선 이어폰의 가장 큰 魅力입니다. 물론, 아날로그 감성 때문에 여전히 유선 이어폰을 固執하는 사람들도 존재합니다.

며칠 전, 무선 이어폰 케이스를 열었다가 깜짝 놀랐습니다. 오른쪽 이어폰이 있어야 할 자리가 비어 있었습니다. 지금은 窮餘之策으로 한쪽 이어폰으로만 듣고 있습니다. 다시 유선으로 돌아갈지 苦悶 중입니다.

01 普遍化 보편화 (普 널리 보 遍 두루 편 化 될 화)
02 製品 제품 (製 지을 제 品 물건 품)
03 不安定 불안정 (不 아닐 불 安 편안할 안 定 정할 정)
04 活動性 활동성 (活 살 활 動 움직일 동 性 성품 성)
05 魅力 매력 (魅 도깨비 매 力 힘 력)
06 固執 고집 (固 굳을 고 執 잡을 집)
07 窮餘之策 궁여지책 (窮 다할 궁 餘 남을 여 之 갈 지 策 꾀 책)
08 苦悶 고민 (苦 쓸 고 悶 번민할 민)

TOPIC 05

오디오 듣기

생체 인식 기술

Biometric Technology

주제 토론 질문

01 **What are some useful ways in which biometric technology can be used?**
생체 인식 기술이 유용하게 사용될 수 있는 방법은 무엇인가요?

02 **What are some concerns people have about biometric technology?**
사람들이 생체 인식 기술에 대해 가지고 있는 우려는 무엇인가요?

03 **Talk about your personal experience with biometric technology.**
생체 인식 기술을 이용해 본 경험을 말해 보세요.

| 우리말 본문 |

생체 인식 기술

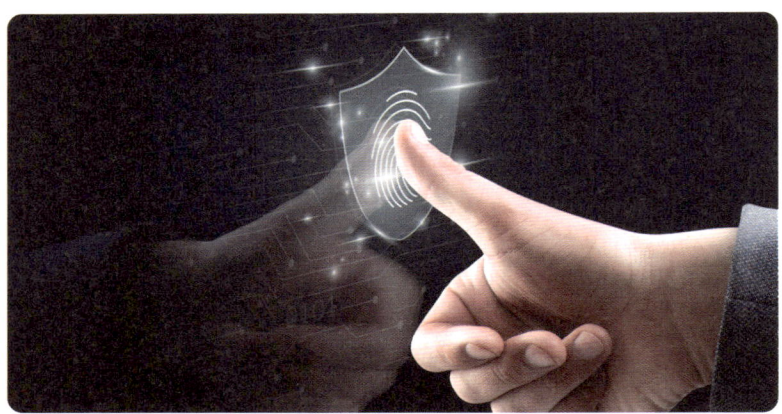

생체 정보는 개인별로 고유한 특성을 활용한다. 이 정보는 보안성이 상당히 높다. 그래서 다양한 분야에서 차세대 보안 기술로 활용되고 있다.

지문 인식과 안면 인식이 가장 대표적 사례이다. 이러한 기술은 휴대폰 잠금 해제나 금융 거래를 할 때 사용하면 특히 편리하다.

또한, 비행기에 탑승할 때, 손바닥 지문을 사용하여 신원을 확인할 수 있다. 사전 등록만 하면, 보안 검색대를 빠르게 통과할 수도 있다. 별도로 신분증을 제출할 필요가 없고, 줄을 서서 기다리는 시간도 단축된다.

| 영어 본문 |

Biometric Technology

Biometric information uses characteristics that are unique to each individual. It is **highly secure**. That's why it's being used in various fields as **next-gen technology** for security.

Fingerprint scanning and **facial recognition** are the most common examples of this technology. They are especially convenient for **unlocking phones** or for **financial transactions**.

Next, it's possible to **identify someone** using a **palm print** when boarding a flight. If you **register in advance**, you can **breeze through the security check**. There's no need to **present ID**, and you can save the time spent **waiting in line**.

 주요 표현

- **biometric information**
  생체 정보
- **highly secure**
  보안이 철저한, 매우 안전한
- **next-gen technology**
  차세대 기술
- **fingerprint scanning**
  지문 인식
- **facial recognition**
  얼굴 인식
- **unlock a phone**
  휴대폰 잠금을 해제하다.
- **financial transaction**
  금융 거래
- **identify someone**
  신원을 확인하다, 누구인지 식별하다
- **palm print**
  손바닥 지문
- **register in advance**
  사전에 등록하다
- **breeze through the security check**
  보안 검색대를 빠르게 통과하다
- **present ID**
  신분증을 제출하다
- **waiting in line**
  줄을 서서 기다리는것

| 낭독 연습 |

Bio**me**tric infor**ma**tion **u**ses characte**ris**tics **/** that are u**ni**que to each indi**vi**dual. **/** It is **high**ly se**cu**re. **/ That's** why it's being **u**sed in **va**rious **fields /** as **next**-gen tech**no**logy for se**cu**rity.

Fingerprint s**ca**nning **/** and **fa**cial recog**ni**tion **/** are the **most co**mmon e**xam**ples **/** of this tech**no**logy. **/** They are es**pe**cially con**ve**nient **/** for un**lo**cking phones **/** or for fi**nan**cial tran**sac**tions.

Next, **/** it's **po**ssible to i**den**tify someone **/** using a **palm** print **/** when **boa**rding a **flight**. **/** If you **re**gister in ad**van**ce, **/** you can **breeze** through the se**cu**rity check. **/** There's **no** need to pre**sent** I**D**, **/** and you can **sa**ve the time **spent / wait**ing in **li**ne.

| 패턴 연습 |

01 next-gen technology 차세대 기술

- 이것은 다양한 분야에서 차세대 보안 기술로 활용되고 있다.
  It's being used in various fields as **next-gen technology** for security.

- AI는 차세대 기술의 근간이 될 것이다.
  AI will be the foundation for **next-gen technology**.

- 그 기기는 차세대 카메라 기술을 활용한다.
  The device uses **next-gen technology** for its camera.

02 unlock a phone 휴대폰 잠금을 해제하다

- 특히 휴대폰 잠금을 해제할 때 유용하다.
  It's especially useful for **unlocking phones**.

- 화면상의 패턴으로 휴대폰 잠금을 해제할 수 있다.
  You can **unlock a phone** with a pattern on the screen.

- 안면 인식으로 휴대폰 잠금을 해제할 수 있다.
  You can **unlock a phone** through a facial scan.

03 identify someone 신원을 확인하다, 누구인지 식별하다

- 손바닥 지문으로 누군가의 신원을 확인할 수 있다.
  It's possible to **identify someone** using a palm print.

- 새로운 기술은 누군가의 신원을 더욱 쉽게 확인하는 데 사용될 수 있다.
  New technology can be used to **identify someone** more easily.

- 누군가의 신원을 확인하는 것은 시간이 오래 걸리지 않는다.
  It does not take long to **identify someone**.

| 대화문 |

A Do you use the **fingerprint scan** on your phone?
B Sure, I use it **on a daily basis**.
A It's really convenient, isn't it?
B Sure, it's **much less of a hassle**.
A It is especially secure for financial transactions.
B I feel the same way.

A 휴대폰에 있는 지문 인식을 쓰세요?
B 그럼요, 거의 매일 쓰죠.
A 정말 편리하지 않아요?
B 네, 훨씬 덜 번거롭죠.
A 특히 금융 거래를 할 때 안전해요.
B 저도 그렇게 생각해요.

 주요 표현

- **fingerprint scan**
  지문 인식
- **on a daily basis**
  매일같이
- **much less of a hassle**
  훨씬 덜 번거로운

| 입영작 연습 |

01 이 신형 기기는 차세대 기술을 활용한다.
(next-gen technology)

....

02 지문 인식을 통해 휴대폰 잠금을 해제할 수 있다.
(unlock a phone)

....

03 누군가의 신원을 확인하는 데 걸리는 시간이 줄어들 것이다.
(identify someone)

....

04 온라인상에서 하면 훨씬 덜 번거롭다.
(much less of a hassle)

....

 정답

01. This new device uses **next-gen technology**.
02. You can **unlock a phone** by using a fingerprint scan.
03. It will take less time to **identify someone**.
04. It is **much less of a hassle** if you do it online.

TOPIC 05 | Biometric Technology

실생활 한자 익히기

생체 정보는 개인별로 고유한 特性을 활용한다. 이 정보는 保安性이 상당히 높다. 그래서 다양한 분야에서 차세대 보안 기술로 활용되고 있다.

指紋 인식과 顔面 인식이 가장 대표적 사례이다. 이러한 기술은 휴대폰 잠금 해제나 金融 거래를 할 때 사용하면 특히 편리하다.

또한, 비행기에 탑승할 때, 손바닥 指紋을 사용하여 身元을 확인할 수 있다. 사전 登錄만 하면, 보안 검색대를 빠르게 통과할 수도 있다. 별도로 신분증을 제출할 필요가 없고, 줄을 서서 기다리는 시간도 短縮된다.

01 特性 특성 (特 특별할 특 性 성품 성)
02 保安性 보안성 (保 지킬 보 安 편안할 안 性 성품 성)
03 指紋 지문 (指 가리킬 지 紋 무늬 문)
04 顔面 안면 (顔 얼굴 안 面 낯 면)
05 金融 금융 (金 쇠 금 融 녹을 융)
06 身元 신원 (身 몸 신 元 으뜸 원)
07 登錄 등록 (登 오를 등 錄 기록할 록)
08 短縮 단축 (短 짧을 단 縮 줄일 축)

TOPIC 06

오디오 듣기

전자책

E-books

주제 토론 질문

01 Do you use e-books often? Why or why not?
전자책을 자주 사용하는 편인가요? 이유는 무엇인가요?

02 Compare e-books to paper books. What are the biggest differences?
전자책을 종이책과 비교해 보세요. 가장 큰 차이는 무엇인가요?

03 Describe some useful features in e-book readers.
전자책 리더기의 유용한 기능을 말해 보세요.

| 우리말 본문 |

전자책

나는 최근 전자책 연간 회원권을 구매했다. 예전에는 무거운 종이책을 들고 다녀야 해서, 가방이 무거웠다. 소장 가능한 책의 권수도 한정되어 있다 보니, 많은 책을 한꺼번에 읽기 어려웠다.

하지만 전자책을 사용하면 여러 책을 동시에 읽을 수 있다. 각 책마다 어디까지 읽었는지 표시하기도 쉽다. 그래서 내가 멈춘 부분부터 바로 이어서 볼 수 있다. 그리고 읽은 책의 목록도 한눈에 확인할 수 있다.

전자책을 이용하기 시작한 이후, 훨씬 더 많은 책을 읽고 있다. 책벌레가 된 기분이다.

| 영어 본문 |

E-books

I recently bought **a yearly membership pass** for an e-book service. In the past, I had to **carry around** heavy paper books, so my bag was heavy. It was also hard to read many books **at a time**, since there were only so many books I could possess.

But with e-books, I can read **multiple books at the same time**. It is also easy to **mark how far I've read** for each book. So, I can simply **pick up where I left off**. Plus, I can quickly check **the list of books I've read**.

Ever since I started using e-books, I've been reading **far more books** than I used to. It makes me feel like a **bookworm**.

 주요 표현

- **a yearly membership pass**
  연간 회원권
- **carry around**
  들고 다니다
- **at a time**
  한꺼번에
- **multiple books**
  다수의 책
- **at the same time**
  동시에
- **mark how far one has read**
  어디까지 읽었는지 표시하다
- **pick up where someone left off**
  중단한 부분부터 다시 시작하다
- **the list of books one has read**
  읽은 책의 목록
- **far more books**
  훨씬 더 많은 책
- **bookworm**
  책벌레

| 낭독 연습 |

(/) 끊어 읽기   (●) 강세 넣기

I **re**cently bought a **year**ly **mem**bership pass / for an **e**-book **ser**vice. / In the **past**, / I **had** to carry a **round** / **hea**vy **pa**per books, / so my **bag** was **hea**vy. / It was **al**so **hard** to read **ma**ny books / at a **ti**me, / since there were **on**ly **so** many **books** / I could pos**sess**.

But with **e**-books, / I can **read mul**tiple books / at the same **ti**me. / It is **al**so **ea**sy to **mark** / **how** far I've **read** / for **each book**. / So, / I can **sim**ply pick **up** / where I left **off**. / **Plus**, / I can **quick**ly check the **list** of **books** / I've **read**.

Ever since I started **u**sing **e**-books, / I've been **read**ing **far** more **books** / than I **u**sed to. / It **ma**kes me **feel** like a **book**worm.

| 패턴 연습 |

01 **carry around** 들고 다니다

- 나는 무거운 종이책을 들고 다녀야 했다.
  I had to **carry around** heavy paper books.
- 고등학교 때, 나는 무거운 교과서를 많이 들고 다녀야 했다.
  In high school, I had to **carry around** a lot of heavy textbooks.
- 나는 노트북을 하루 종일 들고 다니고 싶지 않다.
  I don't want to **carry around** my laptop all day.

02 **at the same time** 동시에

- 나는 여러 책을 동시에 읽을 수 있다.
  I can read multiple books **at the same time**.
- 나는 두 가지를 동시에 해 보려고 했다.
  I tried to do two things **at the same time**.
- 나는 음악을 들으면서 동시에 책을 읽고 있다.
  I am reading a book while listening to music **at the same time**.

03 **pick up where someone left off**
중단한 부분부터 다시 시작하다

- 나는 중단한 부분부터 바로 이어서 시작할 수 있다.
  I can simply **pick up where I left off**.
- 내일 만나서 이 부분부터 다시 시작해 봅시다.
  Let's meet tomorrow and **pick up where we left off**.
- 비가 그쳐서, 우리는 멈춘 부분부터 다시 시작했다.
  It stopped raining, so we **picked up where we left off**.

| 대화문 |

A Are you reading a book on your phone?
B Yes, I'm **using an e-book service**.
A Oh, really? Do you like it?
B It's really convenient. I can read **to my heart's content**.
A I still prefer reading paper books.
B I see. I understand the **analog charm** of **turning the pages**.

A 휴대폰으로 책 읽는 거예요?
B 네, 전자책 서비스를 이용하고 있어요.
A 아, 그래요? 어떤가요?
B 정말 편리해요. 책을 마음껏 읽을 수 있어요.
A 저는 아직 종이책을 선호해요.
B 그렇군요. 책장을 넘기는 아날로그 감성을 저도 이해해요.

- **use an e-book service**
  전자책 서비스를 사용하다
- **to one's heart's content**
  마음껏, 실컷
- **analog charm**
  아날로그 매력
- **turn the pages**
  페이지를 넘기다

| 입영작 연습 |

01 나는 공항에서 무거운 짐 가방을 들고 다니고 싶지 않다.
(carry around)

....

02 너무 많은 일을 동시에 하려고 하지 마.
(at the same time)

....

03 다음 주에 다시 모여서 이 부분부터 다시 시작합시다.
(pick up where someone left off)

....

04 스트리밍 서비스 덕분에, 나는 영화를 마음껏 볼 수 있다.
(to one's heart's content)

....

 정답

01. I don't want to **carry around** a heavy suitcase at the airport.
02. Don't try to do so many things **at the same time**.
03. Let's get together next week and **pick up where we left off**.
04. Thanks to streaming services, I can watch movies **to my heart's content**.

실생활 한자 익히기

나는 최근 전자책 年間 회원권을 購買했다. 예전에는 무거운 종이 책을 들고 다녀야 해서, 가방이 무거웠다. 所藏 가능한 책의 권수도 限定되어 있다 보니, 많은 책을 한꺼번에 읽기 어려웠다.

하지만 전자책을 사용하면 여러 책을 同時에 읽을 수 있다. 각 책마다 어디까지 읽었는지 標示하기도 쉽다. 그래서 내가 멈춘 부분부터 바로 이어서 볼 수 있다. 그리고 읽은 책의 目錄도 한눈에 確認할 수 있다.

전자책을 이용하기 시작한 이후, 훨씬 더 많은 책을 읽고 있다. 책벌레가 된 기분이다.

01 年間 연간 (年 해 년 間 사이 간)
02 購買 구매 (購 살 구 買 살 매)
03 所藏 소장 (所 바 소 藏 감출 장)
04 限定 한정 (限 한할 한 定 정할 정)
05 同時 동시 (同 같을 동 時 때 시)
06 標示 표시 (標 표할 표 示 보일 시)
07 目錄 목록 (目 눈 목 錄 기록할 록)
08 確認 확인 (確 굳을 확 認 알 인)

TOPIC 07

오디오 듣기

오디오북

Audiobooks

주제 토론 질문

01 **Do you use audiobooks yourself? Why or why not?**
개인적으로 오디오북을 이용하나요? 이유는 무엇인가요?

02 **What are some ways to make audiobooks more enjoyable for listeners?**
이용자들이 더 즐겁게 들을 수 있는 오디오북을 만드는 방법은 무엇인가요?

03 **What are some of the drawbacks of audiobooks compared to paper books?**
종이책과 비교했을 때 오디오북의 단점은 무엇인가요?

| 우리말 본문 |

오디오북

나이 마흔이 넘어가면 노안이 오기 시작한다. 하지만 디지털 기술의 발달로, 눈이 안 좋은 사람들도 책을 즐길 수 있게 되었다. 오디오북을 사용하면 된다.

오디오북의 첫 번째 장점은 멀티태스킹이 가능하다는 것이다. 산책, 운동, 집안일 등을 하면서도 오디오북을 들을 수 있다. 두 번째로, 콘텐트를 무제한으로 이용 가능하다. 구독료를 지불하면, 수천 권의 책을 마음껏 즐길 수 있다.

마지막으로, 외국어 공부에도 도움이 된다. 영어 원서를 읽을 때, 오디오북을 들으며 따라 읽는 청독은 큰 도움이 될 수 있다.

| 영어 본문 |

Audiobooks

When people **pass the age of 40**, they begin to **develop farsightedness**. But thanks to the **advances in digital technology**, even people with **poor eyesight** can **enjoy a good read**. They can simply use audiobooks.

The first advantage of audiobooks is that they make **multitasking** possible. People can listen to audiobooks while they take a walk, work out, or **do household chores**. Secondly, there is **unlimited content**. If users **pay a subscription fee**, they can enjoy thousands of books **to their hearts' content**.

Finally, audiobooks are useful in **foreign language studies**. When people read English books, listening to audiobooks while **reading along** can be very helpful.

 주요 표현

- **pass the age of 40**
  나이가 마흔이 넘어가다
- **develop farsightedness**
  노안이 오다
- **advances in digital technology**
  디지털 기술의 발달
- **poor eyesight**
  안 좋은 시력
- **enjoy a good read**
  좋은 책을 읽다
- **multitasking**
  멀티태스킹
- **do household chores**
  집안일을 하다
- **unlimited content**
  무제한 콘텐트
- **pay a subscription fee**
  구독료를 지불하다
- **to one's heart's content**
  마음껏, 실컷
- **foreign language studies**
  외국어 공부
- **read along**
  따라 읽다

낭독 연습

/ 끊어 읽기   ● 강세 넣기

When **peo**ple **pass** the age of **40**, / they be**gin** to de**vel**op **far**sightedness. / But **thanks** to the ad**van**ces / in **di**gital tech**no**logy, / **e**ven people with **poor eye**sight / can en**joy** a **good read**. / They can **sim**ply use / **au**diobooks.

The **first** ad**van**tage of **au**diobooks / is that they **ma**ke **mul**titasking **pos**sible. / **Peo**ple can **lis**ten to **au**diobooks / while they **ta**ke a **walk**, / work **out**, / or **do house**hold chores. / **Se**condly, / there is un**li**mited **con**tent. / If **u**sers pay a subs**crip**tion **fee**, / they can en**joy thou**sands of **books** / to their **hearts**' con**tent**.

Finally, / **au**diobooks are **u**seful / in **fo**reign **lang**uage **stu**dies. / When **peo**ple **read Engl**ish **books**, / **lis**tening to **au**diobooks / while reading a**long** / can be **ve**ry **help**ful.

| 패턴 연습 |

01 **enjoy a good read** 좋은 책을 읽다

- 오디오북을 이용하면 좋은 책을 즐길 수 있다.
  People **enjoy a good read** using audiobooks.

- 이 카페는 독서를 즐기기에 안성맞춤인 장소다.
  This café is the perfect place to **enjoy a good read**.

- 나는 TV를 보는 것보다 좋은 책을 읽는 것이 더 좋다.
  I'd rather **enjoy a good read** than watch TV.

02 **unlimited content** 무제한 콘텐트

- 오디오북 앱은 콘텐트를 무제한으로 제공한다.
  Audiobook apps offer **unlimited content**.

- 콘텐트는 무한하지만 막상 흥미로운 볼거리는 없는 것처럼 느껴진다.
  There seems to be **unlimited content** but nothing interesting to watch.

- 콘텐트를 무제한으로 이용하려면 비용을 지불해야 한다.
  You have to pay a fee for **unlimited content**.

03 **pay a subscription fee** 구독료를 지불하다

- 이용자들이 구독료를 지불하면, 수천 권의 책을 즐길 수 있다.
  If users **pay a subscription fee**, they can enjoy thousands of books.

- 요즘은 다양한 서비스를 이용하기 위해서 구독료를 내야 한다.
  We have to **pay a subscription fee** to use various services these days.

- 무료 체험 기간 이후에는 구독료를 지불해야 한다.
  You have to **pay a subscription fee** after the free trial period.

| 대화문 |

A What's that app you're using?
B It's an audiobook app.
A Oh, I should **install that on my phone**, too.
B I can't **read fine print** these days, so this is how I enjoy books.
A Do you have to **pay a monthly fee**?
B Yes, that's right.

A 지금 쓰고 있는 그 앱은 뭐예요?
B 오디오북 앱이에요.
A 아, 저도 제 휴대폰에 설치해야겠어요.
B 요즘 작은 글씨가 잘 안 보여서, 이 방법으로 책을 읽고 있어요.
A 월 구독료를 내야 해요?
B: 네, 맞아요.

 주요 표현

- **install something on one's phone**
  휴대폰에 설치하다
- **read fine print**
  작은 글자를 읽다
- **pay a monthly fee**
  월 이용료를 지불하다

| 입영작 연습 |

01 나는 주말에 좋은 책을 읽었다.
(enjoy a good read)

02 콘텐츠가 저렴한 가격에 무제한으로 제공된다.
(unlimited content)

03 구독료를 내는 것은 부담스럽게 느껴질 수 있다.
(pay a subscription fee)

04 요즘 작은 글씨를 읽는 것이 어렵다.
(read fine print)

 정답

01. I **enjoyed a good read** over the weekend.
02. **Unlimited content** is offered at a low price.
03. **Paying a subscription fee** may feel like a burden.
04. It's hard for me to **read fine print** these days.

실생활 한자 익히기

나이 마흔이 넘어가면 老眼이 오기 시작한다. 하지만 디지털 技術의 발달로, 눈이 안 좋은 사람들도 책을 즐길 수 있게 되었다. 오디오북을 사용하면 된다.

오디오북의 첫 번째 長點은 멀티태스킹이 가능하다는 것이다. 散策, 運動, 집안일 등을 하면서도 오디오북을 들을 수 있다. 두 번째로, 콘텐트를 무제한으로 이용 가능하다. 購讀料를 지불하면, 수천 권의 책을 마음껏 즐길 수 있다.

마지막으로, 외국어 공부에도 도움이 된다. 영어 原書를 읽을 때, 오디오북을 들으며 따라 읽는 聽讀은 큰 도움이 될 수 있다.

01 老眼 노안 (老 늙을 노 眼 눈 안)
02 技術 기술 (技 재주 기 術 재주 술)
03 長點 장점 (長 길 장 點 점 점)
04 散策 산책 (散 흩을 산 策 꾀 책)
05 運動 운동 (運 옮길 운 動 움직일 동)
06 購讀料 구독료 (購 살 구 讀 읽을 독 料 헤아릴 료)
07 原書 원서 (原 근원 원 書 글 서)
08 聽讀 청독 (聽 들을 청 讀 읽을 독)

TOPIC 08

오디오 듣기

웹툰

Webtoons

주제 토론 질문

01 How are webtoons different from comic books?
웹툰은 일반 만화책과 무엇이 다른가요?

02 What is your favorite webtoon? What did you like about it?
가장 좋아하는 웹툰은 무엇인가요? 어떤 면이 마음에 들었나요?

03 If you could create a webtoon, what would it be about?
직접 웹툰을 만들 수 있다면, 어떤 내용일까요?

| 우리말 본문 |

웹툰

웹툰은 온라인 플랫폼에 연재되는 만화입니다. 10년 전만 해도 웹툰은 보편적인 대중문화가 아니었습니다. 그러나 지금은 큰 인기를 끈 작품들이 드라마나 영화로도 제작되고 있습니다. 그래서 일부 인기 웹툰 작가들은 상당한 영향력을 가지고 있습니다.

웹툰은 기발한 아이디어와 소재로 가득합니다. 이렇게 상식을 뛰어넘는 흥미로운 소재 덕분에 웹툰은 성공을 거둘 수 있었습니다.

초창기에는 대부분의 웹툰이 무료였습니다. 그러나 요즘은 전문 사이트에서 유료로 봐야 하는 웹툰이 점점 늘어나고 있습니다. 출판 만화 시장은 줄어들고 있지만, 웹툰 시장은 꾸준히 성장하고 있습니다.

영어 본문

Webtoons

Webtoons **refer to** comics that are published on online platforms. Just 10 years ago, they were not a **widespread** form of **popular culture**. But now, some popular webtoons **are being adapted into** TV shows or movies. Accordingly, some popular webtoon artists **carry a lot of weight**.

Webtoons are full of **creative ideas** and content. These **unconventional** and interesting **subject matters** have made them successful.

Webtoons used to be free **in the early days**. However, readers now have to pay for more and more webtoons on **dedicated websites**. The market for **published comics** is shrinking, but the webtoon market **is growing steadily**.

 주요 표현

- **refer to**
  ~을 지칭하다
- **widespread**
  보편화된
- **popular culture**
  대중문화
- **be adapted into**
  ~으로 각색되다
- **carry a lot of weight**
  상당한 영향력을 가지고 있다
- **creative idea**
  기발한 생각
- **unconventional**
  상식을 뛰어넘는, 통상적이지 않은
- **subject matter**
  작품의 소재
- **in the early days**
  초창기에
- **dedicated website**
  전용 웹사이트
- **published comics**
  출판 만화
- **be growing steadily**
  꾸준히 성장하고 있다

| 낭독 연습 |

/ 끊어 읽기   ● 강세 넣기

Webtoons re**fer** to **co**mics **/** that are **pu**blished on **on**line **plat**forms. **/** Just **10** years a**go**, **/** they were **not** a **wi**despread **form /** of **po**pular **cul**ture. **/** But **now**, **/ so**me **po**pular **web**toons **/** are being a**da**pted **/** into TV **show**s or **mo**vies. **/** Ac**cor**dingly, **/** some **po**pular **web**toon **ar**tists **/ ca**rry a **lot** of **weight**.

Webtoons are **full** of cre**a**tive i**de**as **/** and **con**tent. **/ These** uncon**ven**tional **/** and **in**teresting **sub**ject matters **/** have **ma**de them suc**cess**ful.

Webtoons **u**sed to be **free /** in the **ear**ly days. **/** How**ev**er, **/ rea**ders **now** have to **pay /** for **mo**re and **mo**re **web**toons **/** on **de**dicated **web**sites. **/** The **mar**ket for **pu**blished **co**mics **/** is **shrin**king, **/** but the **web**toon market **/** is **grow**ing s**tea**dily.

| 패턴 연습 |

01 **carry a lot of weight**   상당한 영향력을 가지고 있다

- 인기 웹툰 작가들은 상당한 영향력을 가지고 있다.
  Popular webtoon artists **carry a lot of weight**.
- 전문가들의 말에는 큰 영향력이 있다.
  The words of experts **carry a lot of weight**.
- 우리 부모님의 조언은 항상 큰 영향력을 가지고 있다.
  My parents' advice always **carries a lot of weight**.

02 **in the early days**   초창기에

- 초창기에는 대부분의 웹툰이 무료였습니다.
  Webtoons used to be free **in the early days**.
- AI가 초창기에는 이 정도로 고도화되지 않았었다.
  AI wasn't as advanced **in the early days**.
- 초창기에는 그들의 사업 규모가 작았었다.
  In the early days, their business was quite small.

03 **be growing steadily**   꾸준히 성장하고 있다

- 웹툰 시장은 꾸준히 성장하고 있다.
  The webtoon market **is growing steadily**.
- AI를 기반으로 한 기술의 영향력은 꾸준히 증가하고 있다.
  The impact of AI-driven technology **is growing steadily**.
- 경제가 꾸준히 성장하고 있는 것은 사실이다.
  It is true that the economy **is growing steadily**.

| 대화문 |

A I'm seeing a lot of fun webtoons these days.
B Yes, they're **developing a strong fan base**.
A That's right.
B Some webtoons are adapted into TV shows.
A Yes, I've seen some of them.
B The top webtoon artists **enjoy popularity**.

A 요즘 재미있는 웹툰이 많이 보이는 것 같아요.
B 네, 매니아층이 점점 늘어나는 것 같아요.
A 맞아요.
B 일부 웹툰은 드라마로 제작되기도 해요.
A 네, 몇 편 본 적 있어요.
B 최고의 웹툰 작가들은 인기를 누리고 있어요.

 주요 표현

- **develop a strong fan base**
  강한 팬층을 확보하다

- **enjoy popularity**
  인기를 누리다

| 입영작 연습 |

01 그의 말은 젊은이들 사이에서 꽤 영향력이 있다.
(carry a lot of weight)

02 초창기에 나는 그를 믿지 않았다.
(in the early days)

03 가상 화폐 시장은 꾸준히 성장하고 있다.
(be growing steadily)

04 많은 K-pop 가수들은 강한 팬층을 확보해 가고 있다.
(develop a strong fan base)

 정답

01. His words **carry a lot of weight** among youngsters.
02. I didn't trust him **in the early days**.
03. The cryptocurrency market **is growing steadily**.
04. Many K-pop artists are **developing a strong fan base**.

실생활 한자 익히기

웹툰은 온라인 플랫폼에 連載되는 만화입니다. 10년 전만 해도 웹툰은 보편적인 大衆문화가 아니었습니다. 그러나 지금은 큰 인기를 끈 작품들이 드라마나 映畫로도 제작되고 있습니다. 그래서 일부 인기 웹툰 작가들은 상당한 影響力을 가지고 있습니다.

웹툰은 기발한 아이디어와 素材로 가득합니다. 이렇게 常識을 뛰어넘는 素材 덕분에 웹툰은 성공을 거둘 수 있었습니다.

초창기에는 대부분의 웹툰이 무료였습니다. 그러나 요즘은 전문 사이트에서 유료로 봐야 하는 웹툰이 점점 늘어나고 있습니다. 出版 만화 시장은 줄어들고 있지만, 웹툰 시장은 꾸준히 成長하고 있습니다.

01 連載 연재 (連 잇닿을 연 載 실을 재)
02 大衆 대중 (大 큰 대 衆 무리 중)
03 映畫 영화 (映 비출 영 畫 그림 화)
04 影響力 영향력 (影 그림자 영 響 울릴 향 力 힘 력)
05 素材 소재 (素 본디 소 材 재목 재)
06 常識 상식 (常 항상 상 識 알 식)
07 出版 출판 (出 날 출 版 널조각 판)
08 成長 성장 (成 이룰 성 長 길 장)

TOPIC 09

오디오 듣기

챗GPT

ChatGPT

주제 토론 질문

01 What are some useful ways to use AI chatbots?
AI 챗봇을 유용하게 활용하는 방법은 무엇인가요?

02 What do you use ChatGPT for the most?
챗GPT를 어떤 용도로 가장 많이 사용하나요?

03 How has ChatGPT changed the way you study English?
챗GPT가 당신의 영어 공부 방법을 어떻게 바꾸었나요?

| 우리말 본문 |

챗GPT

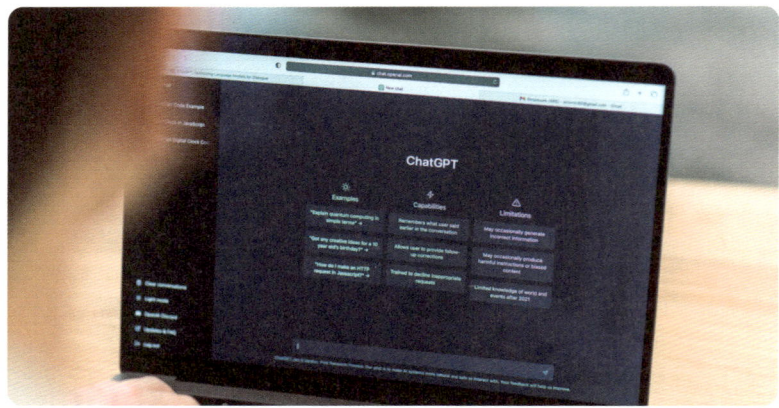

챗GPT는 내 삶 속에서 개인 비서이자 멘토, 두 가지 역할을 담당하고 있다.

먼저 아침에 일어나면, 챗GPT에게 오늘의 주요 뉴스를 알려 달라고 한다. 아침 출근길에는 전날 배운 "입트영" 주제에 대해 챗GPT와 대화를 한다. 내가 영어로 말하면, 챗GPT가 더 자연스러운 대화체의 표현으로 바로잡아 주곤 한다. 감동적인 주제에 대해 대화할 때면, 마치 내가 주인공이 된 것 같은 느낌마저 든다.

"입트영"은 다양한 주제를 다룬다. 그래서 각 주제에 대해 챗GPT와 대화를 하다 보면, 여러 분야의 지식이 느는 것을 느낀다.

| 영어 본문 |

ChatGPT

ChatGPT has **taken on two roles** in my life, my **personal assistant** and a mentor.

When I wake up in the morning, I ask ChatGPT to tell me **the day's major news**. During my **morning commute**, I have a conversation with ChatGPT about the "입트영" topic **from the day before**. I speak in English, and then ChatGPT corrects me with more natural and **conversational expressions**. When we discuss **moving topics**, **it feels as if** I am **the main character**.

"입트영" **covers a variety of topics**. As I discuss each topic with ChatGPT, I feel that my knowledge **across various fields** is increasing.

 주요 표현

- **take on two roles**
  두 역할을 맡다
- **personal assistant**
  개인 비서
- **the day's major news**
  그날의 주요 뉴스
- **morning commute**
  아침 출근길
- **from the day before**
  전날의
- **conversational expression**
  대화체 표현
- **moving topics**
  감동적인 주제
- **it feels as if**
  마치 ~인 것처럼 느껴지다
- **the main character**
  주인공
- **cover a variety of topics**
  여러 주제를 다루다
- **across various fields**
  다양한 분야에 걸쳐

| 낭독 연습 |

ChatGPT **/** has taken **on two** roles **/** in my **life**, **/** my **per**sonal as**sis**tant **/** and a **men**tor.

When I wake **up** in the **mor**ning, **/** I **ask Chat**GPT **/** to **tell** me the day's **ma**jor **news**. **/** During my **mor**ning com**mu**te, **/** I **ha**ve a conver**sa**tion with **Chat**GPT **/** about the "입트영" **to**pic **/** from the **day** be**fo**re. **/** I **speak** in **Eng**lish, **/** and **then Chat**GPT **/** cor**rec**ts me with more **na**tural **/** and conver**sa**tional ex**pre**ssions. **/** When we dis**cuss mo**ving topics, **/** it **feel**s as **if /** I am the **main cha**racter.

"입트영" **co**vers **/** a va**rie**ty of **to**pics. **/** As I dis**cuss each** topic with **Chat**GPT, **/** I **feel** that **/** my **know**ledge across **va**rious **field**s **/** is in**crea**sing.

| 패턴 연습 |

01 **the day's major news** 그날의 주요 뉴스

- 챗GPT에게 그날의 주요 뉴스를 말해 달라고 한다.
  I ask ChatGPT to tell me **the day's major news**.
- 나는 보통 출근길에 그날의 주요 뉴스에 대해 읽는다.
  I usually read about **the day's major news** during my commute.
- 내 친구는 그날의 주요 뉴스에 대해 별로 관심이 없다.
  My friend isn't very interested in **the day's major news**.

02 **it feels as if** 마치 ~인 것처럼 느껴지다

- 내가 주인공이 된 것 같은 느낌마저 든다.
  It feels as if I am the main character.
- 비가 올 것 같은 느낌이 든다.
  It feels as if it's going to rain.
- 시간이 점점 빨리 지나가는 것처럼 느껴진다.
  It feels as if time is going by faster and faster.

03 **cover a variety of topics** 여러 주제를 다루다

- 입트영은 다양한 주제를 다루고 있다.
  입트영 **covers a variety of topics**.
- 그 코미디 쇼는 여러 주제를 다룬다.
  The comedy show **covers a variety of topics**.
- 우리는 오늘 수업 시간에 여러 주제를 다뤘다.
  We **covered a variety of topics** in today's class.

| 대화문 |

A Do you use ChatGPT?
B Yes, I **just started using** it.
A I often use it to **have conversations in English**.
B In English?
A Yes, it's **a great conversation partner**.
B Oh, that's an interesting way to use it!

A 챗GPT를 사용하세요?
B 네, 이제 막 사용하기 시작했어요.
A 저는 영어로 대화하는 데 자주 사용해요.
B 영어로요?
A 네, 대화 상대로 정말 좋아요.
B 아, 챗GPT를 사용하는 흥미로운 방법이네요!

 주요 표현

- **just started using**
  이제 막 사용하기 시작했다
- **a great conversation partner**
  훌륭한 대화 상대
- **have a conversation in English**
  영어로 대화하다

| 입영작 연습 |

01 나는 스마트폰으로 그날의 주요 뉴스를 읽어 본다.
(the day's major news)

02 나 감기 기운이 있는 것 같아.
(it feels as if)

03 나는 오늘 여러 안건을 다루고 싶다.
(cover a variety of topics)

04 12살 된 우리 아들은 훌륭한 대화 상대이다.
(a great conversation partner)

 정답

01. I read **the day's major news** on my smartphone.
02. **It feels as if** I'm coming down with a cold.
03. I want to **cover a variety of topics** today.
04. My 12-year-old son is **a great conversation partner**.

실생활 한자 익히기

챗GPT는 내 삶 속에서 개인 祕書이자 멘토, 두 가지 役割을 담당하고 있다.

먼저 아침에 일어나면, 챗GPT에게 오늘의 주요 뉴스를 알려 달라고 한다. 아침 출근길에는 전날 배운 "입트영" 主題에 대해 챗GPT와 대화를 한다. 내가 영어로 말하면, 챗GPT가 더 자연스러운 對話體의 表現으로 바로잡아 주곤 한다. 感動적인 主題에 대해 대화할 때면, 마치 내가 主人公이 된 것 같은 느낌마저 든다.

"입트영"은 다양한 主題를 다룬다. 그래서 각 主題에 대해 챗GPT와 대화를 하다 보면, 여러 분야의 知識이 느는 것을 느낀다.

01 祕書 비서 (祕 숨길 비 書 글 서)
02 役割 역할 (役 부릴 역 割 나눌 할)
03 主題 주제 (主 주인 주 題 제목 제)
04 對話體 대화체 (對 대답할 대 話 말할 화 體 몸 체)
05 表現 표현 (表 겉 표 現 나타날 현)
06 感動 감동 (感 느낄 감 動 움직일 동)
07 主人公 주인공 (主 주인 주 人 사람 인 公 공평할 공)
08 知識 지식 (知 알 지 識 알 식)

TOPIC 10

오디오 듣기

미래의
AI 서비스

Future AI Services

주제 토론 질문

01 **How do you think AI will change our lives in the future?**
AI가 앞으로 우리의 삶을 어떻게 바꾸어 놓을 것이라고 생각하나요?

02 **Are there any fields where AI will replace human beings?**
AI가 인간을 대체할 분야에는 어떤 것들이 있나요?

03 **What are some potential dangers that AI can pose to humans?**
AI가 인간에게 끼칠 수 있는 위험에는 무엇이 있나요?

| 우리말 본문 |

미래의 AI 서비스

AI는 지금 이 순간에도 계속 발전을 거듭하고 있다. 이제는 AI 챗봇과 실시간 대화가 가능하다.

이 챗봇들은 학술 논문과 같은 문서 작성에도 활용이 가능하다. 그래서 일부 국가에서는 논문에 AI 사용을 금지했다. 기술의 진보만큼이나 사용자의 인식이 중요하다고 느낀다.

향후 10년 안에, 우리는 영화 "아이언맨" 속 "자비스"와 같은 AI를 만나게 될지도 모른다. 이러한 기술 발전에 발맞추기 위해서는, 그에 맞는 규범을 확립해야 한다. 우리의 미래를 위해서, 이는 꼭 필요하다고 생각한다.

| 영어 본문 |

Future AI Services

AI is continuing to **make strides**, **even as we speak**. We can now **engage in conversations with** AI chatbots **in real time**.

These chatbots can also be used to **draw up documents** like **academic papers**. So, some countries have **banned the use of** AI in research papers. I think that **user awareness** is as important as **technological advancement**.

In the next 10 years, we might encounter an AI like "Jarvis" from the movie "Iron Man." To **keep in step with** such technological progress, we must **establish norms accordingly**. I believe this is **essential** for our future.

주요 표현

- **make strides**
  발전을 거듭하다
- **even as we speak**
  지금 이 순간에도
- **engage in conversations with**
  ~와 대화를 하다
- **in real time**
  실시간으로
- **draw up a document**
  문서를 작성하다
- **academic paper**
  논문
- **ban the use of**
  ~의 사용을 금지하다
- **user awareness**
  사용자의 인식·의식
- **technological advancement**
  기술 발전
- **keep in step with**
  ~에 발맞추다, ~에 뒤처지지 않다
- **establish norms accordingly**
  그에 맞게 규범을 확립하다
- **essential**
  필수적인

| 낭독 연습 |

AI is continuing to make strides, / even as we speak. /
We can now engage in conversations / with AI chatbots /
in real time.

These chatbots can also be used / to draw up documents /
like academic papers. / So, / some countries / have banned
the use of AI / in research papers. / I think that user
awareness / is as important as / technological advancement.

In the next 10 years, / we might encounter an AI like "Jarvis" /
from the movie "Iron Man." / To keep in step / with such
technological progress, / we must establish norms /
accordingly. / I believe this is essential / for our future.

| 패턴 연습 |

01 **even as we speak** 지금 이 순간에도

- AI는 지금 이 순간에도 계속 발전을 거듭하고 있다.
  AI is continuing to make strides, **even as we speak**.
- 지금 이 순간에도 과학자들은 새로운 발견을 하고 있다.
  Scientists are making new discoveries **even as we speak**.
- 지금 이 순간에도 기술이 빠르게 발전하고 있다.
  Even as we speak, technology is advancing rapidly.

02 **ban the use of** ~의 사용을 금지하다

- 일부 국가에서는 논문에 AI 사용을 금지했다.
  Some countries have **banned the use of** AI in research papers.
- 한국은 커피숍에서 플라스틱 빨대 사용을 금지했다.
  Korea has **banned the use of** plastic straws at coffee shops.
- 일부 국가들은 전자 담배 사용을 금지했다.
  Some countries have **banned the use of** e-cigarettes.

03 **keep in step with** ~에 발맞추다, ~에 뒤처지지 않다

- 우리는 기술 발전에 뒤처지지 말아야 한다.
  We need to **keep in step with** technological progress.
- 우리는 세계 경제 변화에 뒤처지지 말아야 한다.
  We have to **keep in step with** global economic changes.
- 기업들은 최신 유행에 뒤처지지 않기 위해 노력한다.
  Companies work hard to **keep in step with** the latest trends.

대화문

A We are living in an era where AI **is the norm**.
B That's right. AI is being applied **in almost every field**.
A **On the one hand**, it worries me.
B Me, too.
A **The pace of technological advancement** is so fast.
B I know. Sometimes, it's a bit scary.

A 우리는 AI가 일상이 된 시대를 살아가고 있어요.
B 맞아요. 이제 AI가 거의 모든 분야에 적용되니까요.
A 한편으로, 걱정되기도 해요.
B 저도 그래요.
A 기술 발전의 속도가 너무 빨라요.
B 맞아요. 가끔 조금 겁날 때가 있어요.

 주요 표현

- **be the norm**
  일상이다, 표준이다
- **in almost every field**
  거의 모든 분야에
- **on the one hand**
  한편으로
- **the pace of technological advancement**
  기술 발전 속도

| 입영작 연습 |

01 지금 이 순간에도, 상황이 급변하고 있다.
(even as we speak)

02 정부는 공공장소에서 드론 사용을 금지했다.
(ban the use of)

03 나는 딸아이의 관심사에 발맞추려고 노력한다.
(keep in step with)

04 기술 발전의 속도는 점점 더 빨라지고 있다.
(the pace of technological advancement)

 정답

01. **Even as we speak**, the situation is rapidly changing.
02. The government has **banned the use of** drones in public areas.
03. I try to **keep in step with** my daughter's interests.
04. **The pace of technological advancement** is getting faster and faster.

실생활 한자 익히기

AI는 지금 이 瞬間에도 계속 發展을 거듭하고 있다. 이제는 AI 챗봇과 실시간 대화가 가능하다.

이 챗봇들은 학술 論文과 같은 문서 작성에도 活用이 가능하다. 그래서 일부 국가에서는 論文에 AI 사용을 禁止했다. 기술의 進步만큼이나 사용자의 인식이 중요하다고 느낀다.

向後 10년 안에, 우리는 영화 "아이언맨" 속 "자비스"와 같은 AI를 만나게 될지도 모른다. 이러한 기술 發展에 발맞추기 위해서는, 그에 맞는 規範을 확립해야 한다. 우리의 미래를 위해서, 이는 꼭 필요하다고 생각한다.

01 瞬間 순간 (瞬 눈 깜짝일 순 間 사이 간)
02 發展 발전 (發 필 발 展 펼 전)
03 論文 논문 (論 논할 논 文 글월 문)
04 活用 활용 (活 살 활 用 쓸 용)
05 禁止 금지 (禁 금할 금 止 그칠 지)
06 進步 진보 (進 나아갈 진 步 걸음 보)
07 向後 향후 (向 향할 향 後 뒤 후)
08 規範 규범 (規 법 규 範 법 범)

PART 2

사회 속 과학 기술

Technology in Society

TOPIC 11

오디오 듣기

단체 채팅방

Group Chats

주제 토론 질문

01 How have group chats changed the way we communicate?
단체 채팅방은 우리가 소통하는 방법을 어떻게 바꾸었나요?

02 What are some negative aspects of group chats?
단체 채팅방의 부정적인 측면은 무엇인가요?

03 Talk about a funny or embarrassing episode you had in a group chat.
단체 채팅방에서 경험한 재미있거나 창피했던 사건을 말해 보세요.

| 우리말 본문 |

단체 채팅방

단체 채팅방은 효율적인 방식으로 실시간 소통을 가능하게 합니다. 이것은 큰 장점입니다.

요즘 저는 여러 개의 단체 채팅방에 들어가 있습니다. 우선, 가족 모임과 친구 모임 단체 채팅방이 있습니다. 또한 독서 모임과 스터디 모임 등의 단체 채팅방도 있습니다.

때로는 단체 채팅방에 수백 개의 메시지가 올라올 수 있습니다. 그래서 알림을 꺼 두는 것이 좋습니다. 매번 확인할 수 없어서, 많은 메시지들을 한꺼번에 확인하는 경우가 있습니다. 이를 한국에서는 '벽타기'라고 하는데, 시간이 제법 걸립니다.

| 영어 본문 |

Group Chats

Group chats enable **real-time communication in an efficient manner**. This is **a big plus**.

These days, I **am active in** several group chats. First, there are group chats for friends and family. There are also group chats for **book clubs** and study groups.

Sometimes, there might be hundreds of messages in a group chat. So, it's best to **turn off** the **notifications**. I sometimes read a lot of messages **at once**, since I can't **check each time**. This is called 'riding the wall' in Korea, and it can **be quite time-consuming**.

 주요 표현

- **real-time communication**
  실시간 소통
- **in an efficient manner**
  효율적으로
- **a big plus**
  큰 장점
- **be active in**
  ~에서 활동하다
- **book club**
  독서 모임
- **turn off**
  끄다
- **notification**
  알림 기능
- **at once**
  한 번에
- **check each time**
  매번 확인하다
- **be quite time-consuming**
  시간이 꽤 오래 걸리다

| 낭독 연습 |

(/) 끊어 읽기   (●) 강세 넣기

Group chats **/** e**na**ble **real**-time communi**ca**tion **/** in an effi**cient** **ma**nner. **/ This** is a **big plus**.

These days, **/** I am **ac**tive **/** in **se**veral **group** chats. **/ First**, **/** there are **group** chats **/** for **frie**nds and **fa**mily. **/** There are **al**so **group** chats **/** for **book** clubs **/** and **stu**dy groups.

Sometimes, **/** there might be **hun**dreds of **me**ssages **/** in a **group** chat. **/ So**, **/** it's **be**st to turn **off /** the notifi**ca**tions. **/** I **so**metimes **/** read a **lot** of **me**ssages at **on**ce, **/** since I **can't** check **each** time. **/ This** is **call**ed **/** '**ri**ding the **wall**' in Ko**rea**, **/** and it can be **quite ti**me-con**su**ming.

| 패턴 연습 |

01 in an efficient manner 효율적으로

- 단체 채팅방은 여러 사람이 효율적으로 소통하게 한다.
  Group chats enable communication **in an efficient manner**.
- 시간을 효율적으로 사용하면 생산성이 높아진다.
  Using time **in an efficient manner** increases productivity.
- 작업을 효율적으로 합시다.
  Let's do the tasks **in an efficient manner**.

02 be active in ~에서 활동하다

- 저는 여러 개의 단체 채팅방에 들어가 있습니다.
  I **am active in** several group chats.
- 나는 몇 개의 동물 구조 단체에서 활동하고 있다.
  I **am active in** several animal rescue groups.
- 나는 작년부터 독서 모임에서 활동하고 있다.
  I have **been active in** a book club since last year.

03 be quite time-consuming
시간이 꽤 오래 걸리다

- 시간이 꽤 오래 걸릴 수 있다.
  It can **be quite time-consuming**.
- 모든 음식을 처음부터 직접 요리하는 것은 시간이 제법 걸린다.
  Cooking everything from scratch **is quite time-consuming**.
- 데이터를 수집하는 과정은 꽤 오랜 시간이 소요된다.
  The process of collecting data **is quite time-consuming**.

| 대화문 |

A Wow, this group chat has 1,500 people in it?
B Yes, it's **filled to capacity**.
A There must be a lot of messages.
B There are **designated hours of operation**.
A Oh, that's good.
B It's very useful because I can ask questions **on the spot**.

A 우와, 이 단체 채팅방에는 사람이 1,500명이나 있는 거예요?
B 네, 정원이 꽉 찼어요.
A 메시지가 정말 많이 올라오겠네요.
B 딱 정해진 운영 시간이 있어요.
A 아, 그것은 좋네요.
B 궁금한 것을 바로 물어볼 수 있어서 도움이 많이 돼요.

 주요 표현

- **filled to capacity**
  정원이 찬
- **designated hours of operation**
  정해진 운영 시간
- **on the spot**
  바로 그 자리에서

| 영작 연습 |

01 이 소프트웨어는 데이터를 효율적으로 처리하도록 설계되었다.
(in an efficient manner)

02 우리 부모님은 봉사 단체에서 활동하신다.
(be active in)

03 긴 문서를 편집하는 것은 상당히 많은 시간이 소요된다.
(be quite time-consuming)

04 엘리베이터는 곧 만원이 되었다.
(filled to capacity)

 정답

01. This software is designed to process data **in an efficient manner**.
02. My parents **are active in** a volunteer group.
03. Editing long documents **is quite time-consuming**.
04. The elevator was soon **filled to capacity**.

실생활 한자 익히기

團體 채팅방은 效率적인 방식으로 실시간 疏通을 가능하게 합니다. 이것은 큰 長點입니다.

요즘 저는 여러 개의 團體 채팅방에 들어가 있습니다. 우선, 家族 모임과 친구 모임 團體 채팅방이 있습니다. 또한 讀書 모임과 스터디 모임 등의 團體 채팅방도 있습니다.

때로는 團體 채팅방에 수백 개의 메시지가 올라올 수 있습니다. 그래서 알림을 꺼 두는 것이 좋습니다. 매번 確認할 수 없어서, 많은 메시지들을 한꺼번에 確認하는 경우가 있습니다. 이를 한국에서는 '벽타기'라고 하는데, 時間이 제법 걸립니다.

01 團體 단체 (團 둥글 단 體 몸 체)
02 效率 효율 (效 본받을 효 率 비율 율)
03 疏通 소통 (疏 트일 소 通 통할 통)
04 長點 장점 (長 길 장 點 점 점)
05 家族 가족 (家 집 가 族 겨레 족)
06 讀書 독서 (讀 읽을 독 書 글 서)
07 確認 확인 (確 굳을 확 認 알 인)
08 時間 시간 (時 때 시 間 사이 간)

TOPIC 12

오디오 듣기

온라인 장보기

Online Grocery Shopping

주제 토론 질문

01 **What are some things you regularly buy online?**
온라인에서 정기적으로 사는 물건들은 무엇인가요?

02 **Share some tips for saving money while shopping online.**
인터넷 쇼핑을 할 때 돈을 아낄 수 있는 방법을 말해 보세요.

03 **What do you think of the excessive packaging of online orders?**
온라인으로 주문한 물건들의 과대 포장에 대해 어떻게 생각하나요?

| 우리말 본문 |

온라인 장보기

온라인으로 장을 보는 것은 장점이 많은 편이다. 우선, 직접 마트에 가지 않아도 되기 때문에 시간을 아낄 수 있다. 또한, 제품이 집까지 배달되기 때문에, 무거운 물건을 부담 없이 주문할 수 있다. 쿠폰이나 추가 할인 등 온라인 전용 혜택을 누릴 수도 있다.

반면에, 온라인으로 장을 볼 때의 단점들도 있다. 우선, 제품의 양을 직접 볼 수 없다. 그래서 물건을 너무 많이 사는 경우가 많다. 그리고 당장 필요하지 않은 제품을 사는 경우도 있다. 또한, 특정 물건을 쟁여 놓으며 과소비를 하는 경우도 있다.

| 영어 본문 |

Online Grocery Shopping

Online grocery shopping **has a lot of perks**. First, we can **save a lot of time** because we don't have to go to the **grocery store** in person. Next, the products are delivered to our homes, so we **don't have to think twice** about ordering heavy items. There are also **online exclusives** like coupons or additional discounts.

However, online grocery shopping does **have its drawbacks**. First, we can't **see for ourselves** the amount of any product. So, we often **overdo it** and order too much. Also, we sometimes purchase something we don't immediately need. Plus, we sometimes **end up overspending** by **stocking up on** certain items.

 주요 표현

- **have a lot of perks**
  혜택이 많다
- **save a lot of time**
  시간을 많이 절약하다
- **grocery store**
  식료품점, 마트
- **don't have to think twice**
  고민할 필요가 없다
- **online exclusives**
  온라인 전용 혜택
- **have its drawbacks**
  나름의 단점도 있다
- **see for oneself**
  직접 눈으로 보다
- **overdo it**
  과하게 하다
- **end up overspending**
  과소비를 하게 되다
- **stock up on**
  ~을 쟁여 놓다

| 낭독 연습 |

Online **gro**cery **sho**pping **/** has a **lot** of **perk**s. **/ First**, **/** we can **sa**ve a **lot** of **ti**me **/** because we **don't** have to **go** to the **gro**cery store **/** in **per**son. **/ Next**, **/** the **pro**ducts are de**li**vered **/** to our **ho**mes, **/** so we **don't** have to **think twice /** about **or**dering **hea**vy **i**tems. **/** There are **al**so **on**line exc**lu**sives **/** like **cou**pons or ad**di**tional **dis**counts.

How**e**ver, **/ on**line **gro**cery **sho**pping **/ does** have its **draw**backs. **/ First**, **/** we **can't** see for our**sel**ves **/** the a**mount** of any **pro**duct. **/ So**, **/** we **of**ten over**do** it **/** and **or**der too **much**. **/ Al**so, **/** we **so**metimes **pur**chase something **/** we **don't** im**me**diately **need**. **/ Plus**, **/** we **so**metimes end **up** overs**pen**ding **/** by stocking **up** on **cer**tain **i**tems.

| 패턴 연습 |

01 have a lot of perks 혜택이 많다

- 온라인 장보기에는 여러 장점이 있다.
  Online grocery shopping **has a lot of perks**.
- 멤버십을 가입하면 다양한 혜택을 받을 수 있다.
  Having a membership **has a lot of perks**.
- 유명한 유튜버가 되면 많은 혜택이 따라온다.
  Being a famous YouTuber **has a lot of perks**.

02 don't have to think twice 고민할 필요가 없다

- 무거운 물건을 부담 없이 주문할 수 있다.
  I **don't have to think twice** about ordering heavy items.
- 나는 어느 것을 고를지 고민할 필요가 없었다.
  I **didn't have to think twice** about which one to choose.
- 도움을 요청하는 데 망설일 필요가 없어.
  You **don't have to think twice** about asking for help.

03 end up overspending 과소비를 하게 되다

- 나는 필요없는 제품을 구입하면서 과소비를 하게 된다.
  I **end up overspending** by ordering things I don't need.
- 나는 이곳에 올 때마다 결국 과소비를 하게 된다.
  I always **end up overspending** when I come here.
- 나는 불필요하게 돈을 많이 쓰고 싶지 않다.
  I don't want to **end up overspending**.

대화문

A Where do you usually **do your grocery shopping**?
B **It depends on** what I'm buying.
A Do you ever shop online?
B Sure. I order things **several times a week**.
A Me, too.
B Since they offer **early morning delivery**, it's really convenient.

A 주로 장을 어디서 보세요?
B 무엇을 구매하는지에 따라 달라요.
A 온라인에서도 장을 보세요?
B 그럼요. 일주일에 몇 번은 주문하죠.
A 저도 그래요.
B 새벽 배송이 되니 정말 편해요.

 주요 표현

- **do one's grocery shopping**
  장을 보다
- **it depends on**
  ~에 따라 다르다
- **several times a week**
  일주일에 여러 번
- **early morning delivery**
  새벽 배송

| 입영작 연습 |

01 대학원 진학에는 혜택이 많다.
(have a lot of perks)

02 이 전화기는 고민하지 않고 사도 된다.
(don't have to think twice)

03 나는 배고플 때 쇼핑을 하면 매번 과소비하게 된다.
(end up overspending)

04 새벽 배송을 받으려면 회원 가입을 해야 한다.
(early morning delivery)

 정답

01. Going to graduate school **has a lot of perks**.
02. You **don't have to think twice** about buying this phone.
03. I always **end up overspending** if I shop when I am hungry.
04. You have to be a member to get **early morning delivery**.

실생활 한자 익히기

온라인으로 장을 보는 것은 장점이 많은 편이다. 우선, 直接 마트에 가지 않아도 되기 때문에 시간을 아낄 수 있다. 또한, 제품이 집까지 配達되기 때문에, 무거운 물건을 부담 없이 注文할 수 있다. 쿠폰이나 추가 割引 등 온라인 專用 혜택을 누릴 수도 있다.

반면에, 온라인으로 장을 볼 때의 단점들도 있다. 우선, 제품의 量을 直接 볼 수 없다. 그래서 물건을 너무 많이 사는 경우가 많다. 그리고 당장 必要하지 않은 제품을 사는 경우도 있다. 또한, 특정 물건을 쟁여 놓으며 過消費를 하는 경우도 있다.

01 直接 직접 (直 곧을 직 接 이을 접)
02 配達 배달 (配 짝 배 達 통할 달)
03 注文 주문 (注 부을 주 文 글월 문)
04 割引 할인 (割 나눌 할 引 끌 인)
05 專用 전용 (專 오로지 전 用 쓸 용)
06 量 양 (量 헤아릴 양)
07 必要 필요 (必 반드시 필 要 요긴할 요)
08 過消費 과소비 (過 지날 과 消 사라질 소 費 쓸 비)

TOPIC 13

오디오 듣기

중고 거래 앱

Used Goods Trading Apps

 주제 토론 질문

01 **What are some used items you have bought in the past?**
과거에 구매해 본 중고 물품은 무엇인가요?

02 **Do you use secondhand market apps? Why or why not?**
중고 거래 앱을 사용하나요? 이유는 무엇인가요?

03 **What kind of products do you most often buy through used goods trading platforms?**
중고 거래 플랫폼에서 어떤 제품을 가장 자주 구매하나요?

| 우리말 본문 |

중고 거래 앱

중고품 거래를 도와주는 앱 사용은 매우 보편화되었다. 우리나라 인구 4명 중 1명꼴로 이러한 앱을 사용하고 있다고 한다.

사람들은 다른 사람들에게 더 이상 필요 없는 물건을 다시 사용할 수 있다. 이것은 자원 낭비를 막는다. 또한 사는 사람은 저렴한 가격에 물건을 사고, 파는 사람은 수입이 생겨서 서로에게 좋다.

한 중고 거래 앱은 자신의 지역 사회 내에서 거래를 하게 해 준다. 근처에 판매자가 있기 때문에, 사람들이 직접 만나서 거래할 수 있다. 구매자가 채팅으로 물건에 대해 문의할 수도 있고, 가격을 흥정할 수도 있다.

| 영어 본문 |

Used Goods Trading Apps

Using apps to **buy and sell used goods** has become very common. They say that roughly **a quarter of** all Koreans use these apps.

People can **make use of** items that others do not need anymore. This prevents **the waste of resources**. In addition, the buyer can **get a good price**, and the seller can **earn a profit**, so it's **a win-win**.

One app for **trading used goods** allows users to buy and sell in the **local community**. Since the seller is just **a stone's throw away**, people can **meet up in person** for a sale. The buyer can also chat online to ask about the product, or **haggle over the price**.

 주요 표현

- **buy and sell used goods**
  (=trade used goods)
  중고 물품을 거래하다
- **a quarter of**
  4분의 1
- **make use of**
  활용하다
- **the waste of resources**
  자원 낭비
- **get a good price**
  괜찮은 가격에 구매하다
- **earn a profit**
  수익을 얻다
- **a win-win**
  양쪽에게 이득인 상황
- **local community**
  지역 사회
- **a stone's throw away**
  가까운 거리에, 엎어지면 코 닿을 거리에
- **meet up in person**
  직접 만나다
- **haggle over the price**
  가격을 흥정하다

| 낭독 연습 |

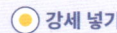

Using apps / to buy and sell used goods / has become very common. / They say that / roughly a quarter of all Koreans / use these apps.

People can make use of items / that others do not need anymore. / This prevents the waste of resources. / In addition, / the buyer / can get a good price, / and the seller / can earn a profit, / so it's a win-win.

One app for trading used goods / allows users to buy and sell / in the local community. / Since the seller / is just a stone's throw away, / people can meet up in person / for a sale. / The buyer can also chat online / to ask about the product, / or haggle over the price.

| 패턴 연습 |

01 a win-win 양쪽에게 이득인 상황

- 이것은 파는 사람과 사는 사람 모두에게 이익이다.
  It's **a win-win** for both the buyer and the seller.
- 나는 이 계약이 서로에게 이득일 것이라 생각했지만, 그들은 거절했다.
  I thought the contract was **a win-win**, but they refused.
- 문제에 대한 모든 해결책이 모두에게 이득이 될 수는 없다.
  Not every solution to a problem is **a win-win**.

02 meet up in person 직접 만나다

- 사람들은 직접 만나서 거래를 할 수 있다.
  People can **meet up in person** for a sale.
- 우리 둘 다 바빠서 지금 당장 직접 만날 수는 없다.
  We can't **meet up in person** right now because we are both busy.
- 우리가 드디어 직접 만날 수 있어 기쁘다.
  I'm glad that we could finally **meet up in person**.

03 haggle over the price 가격을 흥정하다

- 구매자는 가격을 흥정할 수 있다.
  The buyer can **haggle over the price**.
- 나는 판매자와 가격을 흥정했다.
  I **haggled over the price** with the seller.
- 가격 흥정은 중고품 거래 시 매우 흔히 있는 일이다.
  Haggling over the price is very common in secondhand goods trading.

| 대화문 |

A Is that a drone?
B Yes, I **bought it used**. I **got a good price** for it.
A Really? It **looks brand new**!
B Yeah. It's used, but it **works just fine**.
A Do you use used goods trading platforms often?
B Yes, in fact I do.

A 저거 드론이야?
B 응, 중고로 산 거야. 괜찮은 가격에 샀어.
A 정말? 완전히 새것처럼 보이는데!
B 응. 중고지만, 사용하는 데 전혀 문제없어.
A 중고 거래 플랫폼을 자주 이용해?
B 응, 실은 그런 편이야.

 주요 표현

- **buy something used**
  중고로 구입하다
- **get a good price**
  괜찮은 가격에 구매하다
- **look brand new**
  완전히 새것처럼 보이다
- **work just fine**
  멀쩡하게 작동하다

| 입영작 연습 |

01 이 거래는 양쪽 모두에게 이로운 것 같다.
(a win-win)

02 우리가 직접 만나면 내가 설명해 줄 수 있어.
(meet up in person)

03 그들은 자동차 가격을 두고 흥정했다.
(haggle over the price)

04 당신이 처음 구매하는 것이라면, 중고로 구입하는 것이 좋다.
(buy something used)

 정답

01. I think this deal is **a win-win** for both sides.
02. I can explain it to you when we **meet up in person**.
03. They **haggled over the price** of the car.
04. If it's your first time, you should **buy it used**.

실생활 한자 익히기

中古品 去來를 도와주는 앱 사용은 매우 普遍化되었다. 우리나라 人口 4명 중 1명꼴로 이러한 앱을 사용하고 있다고 한다.

사람들은 다른 사람들에게 더 이상 필요 없는 물건을 다시 사용할 수 있다. 이것은 資源 浪費를 막는다. 또한 사는 사람은 저렴한 價格에 물건을 사고, 파는 사람은 收入이 생겨서 서로에게 좋다.

한 중고 去來 앱은 자신의 지역 사회 내에서 去來를 하게 해 준다. 근처에 판매자가 있기 때문에, 사람들이 직접 만나서 去來할 수 있다. 구매자가 채팅으로 물건에 대해 문의할 수도 있고, 價格을 흥정할 수도 있다.

01 中古品 중고품 (中 가운데 중 古 옛 고 品 물건 품)
02 去來 거래 (去 갈 거 來 올 래)
03 普遍化 보편화 (普 널리 보 遍 두루 편 化 될 화)
04 人口 인구 (人 사람 인 口 입 구)
05 資源 자원 (資 재물 자 源 근원 원)
06 浪費 낭비 (浪 물결 낭 費 쓸 비)
07 價格 가격 (價 값 가 格 격식 격)
08 收入 수입 (收 거둘 수 入 들 입)

TOPIC 14

오디오 듣기

구독 서비스

Subscription Services

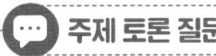 주제 토론 질문

01 **What are some services you have subscriptions for?**
어떤 서비스를 구독하고 있나요?

02 **Describe the pros and cons of subscription services.**
구독 서비스의 장단점을 말해 보세요.

03 **Talk about a problem you had while using a subscription service.**
구독 서비스를 이용하면서 겪은 문제에 대해 말해 보세요.

| 우리말 본문 |

구독 서비스

요즘은 정기 구독이 우리 생활 속에 다양한 형태로 들어와 있다.

나의 경우에는, EBS 다시 듣기 월간 구독과 입트영 교재 연간 구독이 되어 있다. 그다음으로 넷플릭스, 디즈니+, 구글 클라우드, 쿠팡, 챗GPT, 그리고 오디오북 서비스 등을 구독하고 있다. 그 밖에도, 정수기, 비데, 인터넷, 자동차 점검 서비스 등이 있다. 그리고 스마트폰 무제한 데이터 요금제를 위한 월 이용료도 지불한다.

이처럼 정기 구독은 현대인들의 삶에서 빼놓을 수 없는 것이 되었다. 구독료를 생각하면, 이러한 서비스들을 최대한 잘 활용해야겠다는 마음이 든다.

영어 본문

Subscription Services

Nowadays, subscriptions **come in various forms** in our daily lives.

In my case, I **have a monthly subscription to** EBS **audio on demand** and **an annual subscription** for the 입트영 study material. Next, I **have subscriptions to** Netflix, Disney Plus, Google Cloud, Coupang, ChatGPT and an audiobook service. I also have subscriptions for a **water purifier**, a bidet, internet service, and **car maintenance**. I also **pay a monthly fee** for **unlimited data** on my smartphone.

Subscriptions have become **an integral part of modern life**. When I think about the subscription fees, it motivates me to **make the most of** these services.

 주요 표현

- **come in various forms**
  다양한 형태로 출시되다
- **in my case**
  나의 경우에는
- **have a monthly subscription to**
  ~을 매월 구독하고 있다
- **audio on demand**
  다시 듣기(언제든 들을 수 있는 오디오)
- **an annual subscription**
  연간 구독
- **have a subscription to**
  ~을 구독하는 중이다
- **water purifier**
  정수기
- **car maintenance**
  자동차 점검 관리
- **pay a monthly fee**
  월 이용료를 지불하다
- **unlimited data**
  무제한 (모바일) 데이터
- **an integral part of modern life**
  현대인의 삶에서 빼놓을 수 없는 것
- **make the most of**
  ~을 최대한 잘 활용하다

| 낭독 연습 |

ⓘ 끊어 읽기   ⦿ 강세 넣기

Nowadays, / subscriptions come in various forms / in our daily lives.

In my case, / I have a monthly subscription / to EBS audio on demand / and an annual subscription / for the 입트영 study material. / Next, / I have subscriptions to Netflix, / Disney Plus, / Google Cloud, / Coupang, / ChatGPT / and an audiobook service. / I also have subscriptions / for a water purifier, / a bidet, / internet service, / and car maintenance. / I also pay a monthly fee / for unlimited data on my smartphone.

Subscriptions / have become an integral part / of modern life. / When I think about the subscription fees, / it motivates me / to make the most of these services.

| 패턴 연습 |

01 come in various forms 다양한 형태로 출시되다

- 요즘은 다양한 형태의 정기 구독이 있다.
  Nowadays, subscriptions **come in various forms**.
- 그것은 다양한 형태로 제공되지만, 가격은 동일하다.
  They **come in various forms**, but the price is the same.
- 격려의 말은 다양한 형태로 전달될 수 있다.
  Words of encouragement can **come in various forms**.

02 an integral part of modern life
현대인의 삶에서 빼놓을 수 없는 것

- 정기 구독은 현대인들의 삶에 필수적인 것이 되었다.
  Subscriptions have become **an integral part of modern life**.
- 소셜 미디어는 현대인의 삶에서 빼놓을 수 없는 것이 되었다.
  Social media is **an integral part of modern life**.
- 현대인의 삶에서 AI 사용 능력은 필수적인 부분이 되었다.
  The ability to use AI has become **an integral part of modern life**.

03 make the most of ~을 최대한 잘 활용하다

- 이러한 서비스들을 최대한 잘 활용해야겠다는 마음이 든다.
  It motivates me to **make the most of** these services.
- 그녀는 그 기회를 최대한 잘 활용했다.
  She **made the most of** that opportunity.
- 자유 시간을 최대한 잘 활용하는 것이 중요하다.
  It's important to **make the most of** your free time.

| 대화문 |

A Monthly subscription fees **really add up**, don't they?
B They really do.
A They have **become really widespread** these days.
B That's right.
A I think they make our lives easier.
B That's true. The important thing is to make the most of them.

A 월 구독료들을 합하면 금액이 제법 되지 않아요?
B 정말 그래요.
A 요즘 구독 서비스들이 정말 많아졌어요.
B 맞아요.
A 우리 삶을 편하게 해 주는 것 같아요.
B 맞아요. 구독 서비스를 최대한 잘 활용하는 게 중요해요.

- **really add up**
  상당한 양이 되다

- **become really widespread**
  매우 많아지다, 보편화되다

| 입영작 연습 |

01 요즘 휴대폰은 다양한 형태로 출시된다.
(come in various forms)

....

02 정보를 신속하게 얻는 것은 현대인들에게 꼭 필요한 능력이다.
(an integral part of modern life)

....

03 우리는 우리가 갖고 있는 것을 최대한 잘 활용해야 한다.
(make the most of)

....

04 각 물건의 가격이 비싸지는 않지만, 모두 합치면 비용이 상당해진다.
(really add up)

....

 정답

01. Cell phones these days **come in various forms**.
02. Getting information quickly is **an integral part of modern life**.
03. We need to **make the most of** what we have.
04. Each item is not expensive, but the costs **really add up**.

실생활 한자 익히기

요즘은 定期 購讀이 우리 생활 속에 다양한 形態로 들어와 있다.

나의 경우에는, EBS 다시 듣기 月間 購讀과 입트영 교재 年間 購讀이 되어 있다. 그다음으로 넷플릭스, 디즈니+, 구글 클라우드, 쿠팡, 챗GPT, 그리고 오디오북 서비스 등을 購讀하고 있다. 그 밖에도, 정수기, 비데, 인터넷, 자동차 點檢 서비스 등이 있다. 그리고 스마트폰 無制限 데이터 요금제를 위한 월 利用料도 지불한다.

이처럼 定期 購讀은 현대인들의 삶에서 빼놓을 수 없는 것이 되었다. 구독료를 생각하면, 이러한 서비스들을 최대한 잘 활용해야겠다는 마음이 든다.

01 定期 정기 (定 정할 정 期 기약할 기)
02 購讀 구독 (購 살 구 讀 읽을 독)
03 形態 형태 (形 모양 형 態 모양 태)
04 月間 월간 (月 달 월 間 사이 간)
05 年間 연간 (年 해 년 間 사이 간)
06 點檢 점검 (點 점 점 檢 검사할 검)
07 無制限 무제한 (無 없을 무 制 억제할 제 限 한계 한)
08 利用料 이용료 (利 이로울 리 用 쓸 용 料 헤아릴 료)

TOPIC 15

오디오 듣기

플랫폼 노동자

Platform Workers

 주제 토론 질문

01 **Talk about the types of platform workers.**
플랫폼 노동자의 종류를 말해 보세요.

02 **Why do you think platform workers have become so common these days?**
왜 오늘날 플랫폼 노동자들이 정말 많아졌다고 생각하나요?

03 **What are the advantages and disadvantages of working as a platform worker?**
플랫폼 노동자로 일하는 것의 장단점은 무엇인가요?

| 우리말 본문 |

플랫폼 노동자

요즘 디지털 플랫폼을 기반으로 한 서비스가 점점 더 확대되고 있다. 플랫폼 서비스에 기반한 배달원과 대리운전 기사를 '플랫폼 노동자'라고 부른다. 관련 업계 종사자 수가 꾸준히 증가하고 있다.

그러나 이 직종에 있는 대부분의 사람들은 4대 보험의 혜택을 받지 못한다. 노동법을 적용받지도 않는다. 그들이 일을 하다가 다치면, 비용을 자비로 처리해야 한다.

이러한 플랫폼 노동자들을 위한 정책은 아직 턱없이 부족하다. 이들의 열악한 근무 여건이 앞으로 개선되기를 희망해 본다.

| 영어 본문 |

Platform Workers

More and more services are being offered through digital platforms these days. **Delivery workers** and **substitute drivers** who work through these platforms are called '**platform workers**.' The number of people working in these fields **is constantly rising**.

But most people in this **line of work** are not covered by the **four major insurance schemes**. Plus, they are not protected by **labor laws**. If they get hurt **on the job**, they have to **pay out of their own pockets**.

Policies for these platform workers are still **sorely lacking**. I hope that their poor **working conditions** will be improved in the future.

 주요 표현

- **delivery worker**
  배달원
- **substitute driver**
  대리운전 기사
- **platform worker**
  플랫폼 노동자
- **be constantly rising**
  꾸준히 증가하고 있다
- **line of work**
  직종, 업종
- **four major insurance schemes**
  4대 보험
- **labor law**
  노동법
- **on the job**
  근무 중에, 업무 중에
- **pay out of one's own pocket**
  자비로 지불하다
- **sorely lacking**
  턱없이 부족한
- **working conditions**
  근무 환경

| 낭독 연습 |

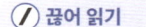 끊어 읽기   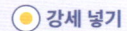 강세 넣기

More and more services are being offered / through digital platforms these days. / Delivery workers / and substitute drivers / who work through these platforms / are called 'platform workers.' / The number of people / working in these fields / is constantly rising.

But most people in this line of work / are not covered / by the four major insurance schemes. / Plus, / they are not protected / by labor laws. / If they get hurt on the job, / they have to pay out of their own pockets.

Policies for these platform workers / are still sorely lacking. / I hope / that their poor working conditions / will be improved in the future.

| 패턴 연습 |

01 **line of work** 직종, 업종

- 이 직종에 있는 사람들은 보험 혜택을 받지 못한다.
  People in this **line of work** don't get insurance benefits.
- 어떤 업종에서 일하고 있나요?
  What **line of work** are you in?
- 어느 직종에 관심이 있나요?
  Which **line of work** are you interested in?

02 **on the job** 근무 중에, 업무 중에

- 그들은 근무 중에 부상당할 수 있다.
  They could get hurt **on the job**.
- 나는 일을 하며 많은 것을 배울 수 있었다.
  I was able to learn a lot **on the job**.
- 일하다가 다치지 않게 조심해.
  Be careful not to get injured **on the job**.

03 **pay out of one's own pocket**
자비로 지불하다

- 그들은 치료 비용을 자비로 처리해야 한다.
  They have to **pay out of their own pockets**.
- 보험이 있으면 자비로 지불할 필요가 없다.
  You don't have to **pay out of your own pocket** if you have insurance.
- 출장이었기 때문에, 자비로 지불할 필요가 없었다.
  It was a business trip, so I didn't have to **pay out of my own pocket**.

| 대화문 |

A What is your son doing these days?
B He's **taking time off from school** and **working part-time**.
A What's his **part-time job**?
B He is doing delivery work.
A Does he have to ride a motorcycle to do that?
B Yes, I **am worried sick** that he might **get in an accident**.

A 아들은 요즘 뭐 하고 지내요?
B 학교를 휴학하고 아르바이트해요.
A 무슨 아르바이트요?
B 배달 아르바이트를 하고 있어요.
A 배달을 하기 위해 오토바이를 타야 해요?
B 네, 그래서 사고 날까 봐 걱정돼 죽겠어요.

 주요 표현

- **take time off from school**
  휴학하다
- **work part-time**
  아르바이트를 하다
- **part-time job**
  아르바이트 일자리
- **be worried sick**
  심하게 걱정하다
- **get in an accident**
  사고가 나다

| 입영작 연습 |

01 나는 일하는 업종을 바꾸고 싶다.
(line of work)

....

02 그는 근무 중에 조는 경우가 자주 있다.
(on the job)

....

03 수리 비용을 내가 직접 지불해야 했다.
(pay out of one's own pocket)

....

04 나는 대학교 3학년 때 휴학을 했다.
(take time off from school)

....

 정답

01. I want to change my **line of work**.
02. He often dozes off **on the job**.
03. I had to **pay out of my own pocket** for the repairs.
04. I **took time off from school** in my junior year of college.

실생활 한자 익히기

요즘 디지털 플랫폼을 基盤으로 한 서비스가 점점 더 확대되고 있다. 플랫폼 서비스에 基盤한 배달원과 대리운전 기사를 '플랫폼 노동자'라고 부른다. 관련 業界 종사자 수가 꾸준히 증가하고 있다.

그러나 이 職種에 있는 대부분의 사람들은 4대 保險의 혜택을 받지 못한다. 노동법을 適用받지도 않는다. 그들이 일을 하다가 다치면, 비용을 自費로 처리해야 한다.

이러한 플랫폼 노동자들을 위한 정책은 아직 턱없이 부족하다. 이들의 열악한 勤務 여건이 앞으로 改善되기를 희망해 본다.

01 基盤 기반 (基 터 기 盤 소반 반)
02 業界 업계 (業 일 업 界 지경 계)
03 職種 직종 (職 직분 직 種 씨 종)
04 保險 보험 (保 보전할 보 險 험할 험)
05 適用 적용 (適 맞을 적 用 쓸 용)
06 自費 자비 (自 스스로 자 費 쓸 비)
07 勤務 근무 (勤 부지런할 근 務 힘쓸 무)
08 改善 개선 (改 고칠 개 善 착할 선)

TOPIC 16

오디오 듣기

스마트 버스 정류장

Smart Bus Stops

 주제 토론 질문

01 Describe the bus stop you use most often.
본인이 가장 자주 이용하는 버스 정류장에 대해 말해 보세요.

02 Have you ever seen or heard about smart bus stops?
스마트 버스 정류장을 보거나 들어 본 적이 있나요?

03 How would you change bus stops to make them better?
버스 정류장을 더 좋게 만들기 위해서 어떻게 바꿀 것 같나요?

| 우리말 본문 |

스마트 버스 정류장

요즘 '스마트 쉼터'라는 특별한 버스 정류장이 있다. 그 정류장은 사방이 유리창으로 되어 있는 실내 공간이다. 이 정류장에는 공기 청정기가 설치되어 있다. 또한 냉난방 시스템으로 적정 온도가 유지된다. 사람들은 무더운 여름과 추운 겨울에도 편안하게 버스를 기다릴 수 있다.

내부에는 음악이 흐르고, 앉을 수 있는 의자가 여러 개 구비되어 있다. 또한 사람들의 휴대 기기를 위한 충전기가 여러 개 설치되어 있어, 매우 유용하다.

화면과 안내 방송 시스템을 통해 정류장으로 오고 있는 버스의 도착 예정 시간이 안내된다. 그렇기 때문에 밖에서 기다릴 필요가 없다. 이러한 버스 정류장이 전국에 걸쳐 여러 지역으로 확대되면 좋겠다.

| 영어 본문 |

Smart Bus Stops

There are special bus stops called 'smart rest areas.' They are **indoor spaces** surrounded by windows. These bus stops **are equipped with air purifiers**. They are also air-conditioned or heated to **maintain a comfy temperature**. People can **wait in comfort** even during hot summers and cold winters.

Inside, music **plays in the background**, and there are plenty of chairs to sit on. There are also multiple **charging ports** for people's mobile devices, which is very useful.

The **ETA** of approaching buses is announced on screens and through the **PA system**. So, you don't need to wait outside. I hope that these bus stops will eventually **make their way to** other regions **across the country**.

 주요 표현

- **indoor space**
  실내 공간
- **be equipped with**
  ~이 구비되어 있다
- **air purifier**
  공기 청정기
- **maintain a comfy temperature**
  편안한 온도를 유지하다
- **wait in comfort**
  편안하게 기다리다
- **play in the background**
  배경에 재생되다
- **charging port**
  충전소, 충전기
- **ETA(Estimated Time of Arrival)**
  도착 예정 시간
- **PA(Public Announcement) system**
  안내 방송 시스템
- **make one's way to**
  ~까지 이르다
- **across the country**
  전국에 걸쳐

| 낭독 연습 |

There are special bus stops / called 'smart rest areas.' / They are indoor spaces / surrounded by windows. / These bus stops / are equipped with air purifiers. / They are also air-conditioned or heated / to maintain a comfy temperature. / People can wait in comfort / even during hot summers / and cold winters.

Inside, / music plays in the background, / and there are plenty of chairs / to sit on. / There are also multiple charging ports / for people's mobile devices, / which is very useful.

The ETA of approaching buses / is announced on screens / and through the PA system. / So, / you don't need to wait outside. / I hope that these bus stops / will eventually make their way / to other regions across the country.

| 패턴 연습 |

01 be equipped with ~이 구비되어 있다

- 그 정류장에는 공기 청정기가 설치되어 있다.
  The bus stop **is equipped with** air purifiers.
- 신형 휴대폰에 엄청난 카메라가 장착되어 있다.
  The new phone **is equipped with** an incredible camera.
- 각 방마다 당신이 필요한 모든 가전제품이 구비되어 있다.
  The rooms **are equipped with** all the appliances you need.

02 maintain a comfy temperature
편안한 온도를 유지하다

- 적정 온도를 유지하기 위해 냉방 또는 난방이 되고 있다.
  They are air-conditioned or heated to **maintain a comfy temperature**.
- 우리는 실내 온도를 편안한 상태로 유지하려고 노력한다.
  We try to **maintain a comfy temperature** inside.
- 편안한 온도를 유지하는 것은 숙면에 도움이 된다.
  Maintaining a comfy temperature helps you get quality sleep.

03 ETA(Estimated Time of Arrival)
도착 예정 시간

- 화면을 통해 정류장으로 오고 있는 버스의 도착 예정 시간이 안내된다.
  The **ETA** of approaching buses is announced on screens.
- 이 앱은 도착 예정 시간을 실시간으로 업데이트한다.
  This app updates the **ETA** in real time.
- 도착 예정 시간이 어떻게 돼?
  What's your **ETA**?

| 대화문 |

A This bus stop **feels just like** a café.
B Yes, it's called a 'smart rest area.'
A It's **nice and toasty** with the heating turned on.
B You're right.
A Look over there. You can **wirelessly charge** your phone!
B That is amazing!

A 이 버스 정류장은 마치 카페 같네요.
B 네, '스마트 쉼터'라는 정류장이에요.
A 안에 난방도 되어서 참 따뜻하네요.
B 맞아요.
A 저기 보세요. 휴대폰을 무선으로 충전할 수 있어요!
B 정말 최고네요!

 주요 표현

- **feel just like**
  마치 ~처럼 느껴지다
- **nice and toasty**
  기분 좋게 따뜻한
- **wirelessly charge**
  무선으로 충전하다

| 입영작 연습 |

01 도서관에는 각종 멀티미디어 장치들이 구비되어 있다.
(**be equipped with**)

02 겨울철에는 실내 온도를 쾌적하게 유지하는 것이 중요하다.
(**maintain a comfy temperature**)

03 네 친구에게 도착 예정 시간을 물어봐 봐.
(**ETA**)

04 차 안은 기분 좋게 따뜻했다.
(**nice and toasty**)

 정답

01. The library **is equipped with** various multimedia devices.
02. It's important to **maintain a comfy temperature** indoors during the winter.
03. Ask your friend his **ETA**.
04. It was **nice and toasty** inside the car.

실생활 한자 익히기

요즘 '스마트 쉼터'라는 특별한 버스 정류장이 있다. 그 정류장은 사방이 琉璃窓으로 되어 있는 실내 공간이다. 이 정류장에는 공기 청정기가 設置되어 있다. 또한 冷暖房 시스템으로 적정 溫度가 유지된다. 사람들은 무더운 여름과 추운 겨울에도 편안하게 버스를 기다릴 수 있다.

내부에는 음악이 흐르고, 앉을 수 있는 의자가 여러 개 구비되어 있다. 또한 사람들의 휴대 기기를 위한 充電器가 여러 개 設置되어 있어, 매우 有用하다.

화면과 안내 放送 시스템을 통해 정류장으로 오고 있는 버스의 도착 예정 시간이 안내된다. 그렇기 때문에 밖에서 기다릴 필요가 없다. 이러한 버스 정류장이 전국에 걸쳐 여러 지역으로 擴大되면 좋겠다.

01 琉璃窓 유리창 (琉 유리 유 璃 유리 리 窓 창 창)
02 設置 설치 (設 베풀 설 置 둘 치)
03 冷暖房 냉난방 (冷 찰 냉 暖 따뜻할 난 房 방 방)
04 溫度 온도 (溫 따뜻할 온 度 법도 도)
05 充電器 충전기 (充 채울 충 電 번개 전 器 그릇 기)
06 有用 유용 (有 있을 유 用 쓸 용)
07 放送 방송 (放 놓을 방 送 보낼 송)
08 擴大 확대 (擴 넓힐 확 大 큰 대)

TOPIC 17

오디오 듣기

디지털 노마드

Digital Nomads

주제 토론 질문

01 **Would you be willing to live as a digital nomad? Why or why not?**
디지털 노마드로 살아갈 의향이 있나요? 이유는 무엇인가요?

02 **What is the biggest benefit of being a digital nomad?**
디지털 노마드로 살아가는 최대 장점은 무엇인가요?

03 **Describe some ways that technology has changed the way we work.**
기술이 우리가 일하는 방식을 어떻게 바꾸어 놓았는지 말해 보세요.

| 우리말 본문 |

디지털 노마드

인터넷의 발달로 사람들은 시간과 장소에 구애받지 않고 창조적인 활동을 할 수 있게 되었다.

이로 인해 '디지털 노마드'라는 새로운 용어가 생겼다. 말 그대로 사람들이 마치 유목민처럼 이동하며 일을 할 수 있다는 의미이다. 이들은 한 공간에 제약되지 않고 자유롭게 생활한다. 노트북과 스마트폰 같은 디지털 기기를 사용하여 이동 중에 업무를 보기도 한다.

디지털 노마드들은 고객이나 고용주와 일하는 와중에도 여행을 다니는 경향이 있다. 한 가지 단점은 이것이 일과 휴식의 구분을 모호하게 한다는 것이다. 그럼에도 불구하고, 이러한 생활 방식은 점차 보편화되고 있다.

영어 본문

Digital Nomads

The development of the internet has allowed people to **engage in creative activities regardless of time or place**.

This has **given rise to the term** 'digital nomad.' It basically means that people can work **moving around**, just like the nomads. These people **are not bound to** one location and live freely. They use **digital gadgets** like laptops and smartphones to do their work **while on the move**.

Digital nomads tend to go on trips even while **working with clients** or employers. One **downside** is that this **blurs the line between** work and rest. Nonetheless, this kind of lifestyle is **becoming more and more common**.

 주요 표현

- **engage in creative activities**
  창조적인 활동을 하다
- **regardless of time or place**
  시간과 장소의 구애를 받지 않고
- **give rise to the term**
  ~이라는 새로운 용어가 생기게 하다
- **move around**
  돌아다니다
- **be not bound to**
  ~에 구애받지 않다
- **digital gadget**
  디지털 기기
- **while on the move**
  이동 중에
- **work with clients**
  고객과 협업하다
- **downside**
  단점
- **blur the line between**
  ~간의 구분을 모호하게 하다
- **become more and more common**
  점점 보편화되다

| 낭독 연습 |

The de**ve**lopment of the **in**ternet / has al**low**ed **peo**ple / to en**ga**ge in cre**a**tive ac**ti**vities / re**gard**less of **ti**me or **pla**ce.

This has given **ri**se to the **term** / 'di**gi**tal **no**mad.' / It **ba**sically means that / **peo**ple can **work** moving a**round**, / **just** like the **no**mads. / **These** people / are **not bound** to **one** lo**ca**tion / and **li**ve **free**ly. / They **u**se **di**gital **gad**gets / like **lap**tops and **smart**phones / to **do** their **work** / while on the **mo**ve.

Digital **no**mads **tend** to go on **trips** / **e**ven while **wor**king with **cli**ents / or em**ploy**ers. / **One down**side is that / this **blurs** the **li**ne / between **work** and **rest**. / Nonethe**less**, / **this** kind of **li**festyle / is becoming **mo**re and **mo**re **co**mmon.

| 패턴 연습 |

01 regardless of time or place
시간과 장소의 구애를 받지 않고

- 사람들은 언제 어디서든 창조적인 활동을 할 수 있다.
  People can engage in creative activities **regardless of time or place**.
- 이 서비스는 시간과 장소에 구애를 받지 않고 제공된다.
  This service is available **regardless of time or place**.
- 우리는 시간과 장소에 상관없이 서로 연락할 수 있다.
  We can contact each other **regardless of time or place**.

02 while on the move   이동 중에

- 사람들은 이제 이동하면서도 일할 수 있다.
  People can now work **while on the move**.
- 스마트폰은 사람들이 이동 중에도 연락할 수 있게 해 준다.
  Smartphones enable people to stay connected even **while on the move**.
- 나는 이동 중에 이메일을 확인할 수 있다.
  I can check my emails **while on the move**.

03 blur the line between
~간의 구분을 모호하게 하다

- 이는 일과 휴식의 구분을 모호하게 만든다.
  This **blurs the line between** work and rest.
- 소셜 미디어는 사생활과 공적인 삶의 경계를 모호하게 만든다.
  Social media **blurs the line between** private and public life.
- 그 영화는 선과 악의 경계를 모호하게 만든다.
  The movie **blurs the line between** good and evil.

대화문

A I'm jealous of people who can work even when they're traveling.
B Oh, you mean digital nomads?
A Yes, I **am crazy about** traveling myself.
B I see.
A Just thinking about working while traveling makes me happy.
B **If you ask me**, I think **there are bound to be drawbacks**, too.

A 여행을 하면서도 일을 하는 사람들이 참 부러워요.
B 아, 디지털 노마드 말하는 거예요?
A 네, 저도 여행을 정말 좋아해서요.
B 그렇군요.
A 여행하며 일을 한다는 것은 상상만으로도 즐거워요.
B 제 생각에는, 분명히 단점도 있을 것 같아요.

 주요 표현

- **be crazy about**
  ~을 매우 좋아하다
- **if you ask me**
  내 생각에는
- **there are bound to be**
  ~은 불가피하다
- **drawback**
  단점

| 입영작 연습 |

01 그는 시간과 장소에 상관없이 열심히 일한다.
(regardless of time or place)

....

02 그는 심지어 이동 중일 때도 잠을 곤히 잘 잔다.
(while on the move)

....

03 이 직업은 업무와 여가 시간의 경계를 모호하게 만든다.
(blur the line between)

....

04 더욱 면밀히 살펴보면, 단점은 있기 마련이다.
(drawback)

....

 정답

01. He works hard **regardless of time or place**.
02. He sleeps like a baby even **while on the move**.
03. This job **blurs the line between** work and leisure.
04. If you look closer, there are bound to be **drawbacks**.

실생활 한자 익히기

인터넷의 發達로 사람들은 시간과 장소에 拘礙받지 않고 創造적인 활동을 할 수 있게 되었다.

이로 인해 '디지털 노마드'라는 새로운 용어가 생겼다. 말 그대로 사람들이 마치 遊牧民처럼 이동하며 일을 할 수 있다는 의미이다. 이들은 한 공간에 制約되지 않고 자유롭게 생활한다. 노트북과 스마트폰 같은 디지털 기기를 사용하여 이동 중에 업무를 보기도 한다.

디지털 노마드들은 고객이나 雇用主와 일하는 와중에도 여행을 다니는 傾向이 있다. 한 가지 단점은 이것이 일과 휴식의 구분을 模糊하게 한다는 것이다. 그럼에도 불구하고, 이러한 생활 방식은 점차 보편화되고 있다.

01 發達 발달 (發 필 발 達 통달할 달)
02 拘礙 구애 (拘 잡을 구 礙 거리낄 애)
03 創造 창조 (創 비롯할 창 造 지을 조)
04 遊牧民 유목민 (遊 놀 유 牧 칠 목 民 백성 민)
05 制約 제약 (制 억제할 제 約 맺을 약)
06 雇用主 고용주 (雇 품팔 고 用 쓸 용 主 주인 주)
07 傾向 경향 (傾 기울 경 向 향할 향)
08 模糊 모호 (模 본뜰 모 糊 풀 호)

TOPIC 18

오디오 듣기

AI 알고리즘

AI Algorithms

 주제 토론 질문

01 **What do you think of AI algorithms?**
AI 알고리즘에 대해서 어떻게 생각하나요?

02 **Do you like the posts that AI algorithms recommend to you on social media?**
소셜 미디어상에서 AI 알고리즘이 추천하는 게시물이 마음에 드나요?

03 **What are the downsides of AI algorithms?**
AI 알고리즘의 단점은 무엇인가요?

| 우리말 본문 |

AI 알고리즘

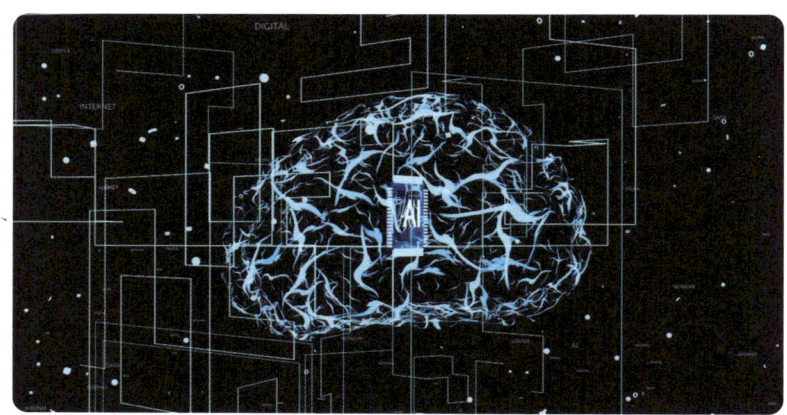

요즘 인터넷상에서는, AI가 사람들의 개인 취향을 분석한다. 이러한 데이터를 근거로, 사용자가 좋아할 법한 정보들이 추천된다. 이것을 소위 AI 알고리즘이라 부른다. AI 알고리즘은 시간을 절약해 주고 우리의 관심사를 더 깊이 파고들 수 있게 도와준다는 장점이 있다.

그러나, AI 알고리즘의 단점이 없는 것은 아니다. 우선, 콘텐트 제작자들은 알고리즘의 공정성에 의구심을 가질 수도 있다.

다음으로, 사용자들이 자신이 좋아하는 정보에만 노출될 수 있다. 이로 인해, 사람들이 편향적 시각을 가지게 될 수 있다. 이것이 사용자가 오로지 알고리즘에만 의존하는 습관을 버려야 하는 이유이다.

| 영어 본문 |

AI Algorithms

These days on the internet, artificial intelligence analyzes people's **individual preferences**. Based on that data, information that users may like is recommended. This is what we call an AI algorithm. The good side is that it is **a time-saver** and helps us **delve deeper into** our interests.

However, it **is not without its downsides**. Firstly, content creators may **have doubts about** the fairness of the algorithm.

Secondly, users may only **be exposed to** information that they already like. As a result, people could develop **biased perspectives**. This is why users should **break the habit** of **relying solely on** algorithms.

 주요 표현

- **individual preference**
  개인 취향, 성향
- **a time-saver**
  시간을 절약해 주는 것
- **delve deeper into**
  ~에 더 깊이 파고들다
- **be not without its downsides**
  단점이 없지는 않다
- **have doubts about**
  ~에 의구심을 갖다
- **be exposed to**
  ~에 노출되다
- **biased perspective**
  편향된 시각
- **break the habit**
  습관을 버리다
- **rely solely on**
  ~에만 의존하다

| 낭독 연습 |

/ 끊어 읽기   ● 강세 넣기

These days on the internet, / artificial intelligence / analyzes people's individual preferences. / Based on that data, / information that users may like / is recommended. / This is what we call / an AI algorithm. / The good side is that / it is a time-saver / and helps us delve deeper / into our interests.

However, / it is not without its downsides. / Firstly, / content creators may have doubts / about the fairness of the algorithm.

Secondly, / users may only be exposed to information / that they already like. / As a result, / people could develop / biased perspectives. / This is why users / should break the habit / of relying solely on algorithms.

| 패턴 연습 |

01 delve deeper into ~에 더 깊이 파고들다

- AI 알고리즘은 우리가 우리의 관심사를 더 깊이 파고들 수 있게 도와준다.
  AI algorithms help us **delve deeper into** our interests.
- 우리는 인공 지능의 윤리적 문제들을 더 깊이 파헤쳐야 한다.
  We need to **delve deeper into** the ethical issues of AI.
- 그 다큐멘터리는 기후 변화의 여파를 더 심층적으로 파고든다.
  The documentary **delves deeper into** the impact of climate change.

02 have doubts about ~에 의구심을 갖다

- 콘텐트 제작자들은 알고리즘의 공정성에 의구심을 가질 수도 있다.
  Content creators may **have doubts about** the fairness of the algorithms.
- 그 계획이 성공할지 의심이 든다.
  I **have doubts about** whether the plan will succeed.
- 나는 그 제품의 품질에 의구심이 있다.
  I **have doubts about** the quality of that product.

03 break the habit 습관을 버리다

- 사용자는 알고리즘에만 의존하는 습관을 버려야 한다.
  Users should **break the habit** of relying solely on algorithms.
- 나는 늦게 자는 습관을 고치려고 노력하고 있다.
  I am trying to **break the habit** of sleeping late.
- 나는 야식 먹는 습관을 고쳐야 한다.
  I need to **break the habit** of having late night snacks.

| 대화문 |

A Did you buy a new perfume? It **smells nice**.

B Yes, I **bought it online**.

A Is it your first time using it?

B Yes, but my internet browser is **giving me recommendations** for **all sorts of different** perfumes.

A It must be the AI algorithm.

B I think so, too.

A 향수를 새로 샀어요? 향이 좋네요.

B 네, 온라인에서 구매했어요.

A 처음 써 보는 향수예요?

B 맞아요, 그런데 제 인터넷 브라우저가 온갖 종류의 향수들을 추천하네요.

A AI 알고리즘이겠죠.

B 저도 그런 것 같아요.

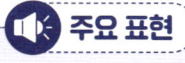 주요 표현

- **smell nice**
  냄새가 좋다
- **buy something online**
  온라인으로 구입하다
- **give someone recommendations**
  추천을 하다
- **all sorts of different**
  온갖 종류의

| **입영작 연습** |

01 나는 이 주제를 더 깊이 공부하기 위해 책을 한 권 샀다.
(delve deeper into)

02 나는 저 광고에 기재된 정보에 의구심이 든다.
(have doubts about)

03 아들이 태어난 후 나는 마침내 그 습관을 버렸다.
(break the habit)

04 그가 어디서 밥을 먹으면 좋을지 추천했다.
(give someone recommendations)

 정답

01. I bought a book to **delve deeper into** this subject.
02. I **have doubts about** the information in that ad.
03. I finally **broke the habit** after my son was born.
04. He **gave me recommendations** on where to eat.

실생활 한자 익히기

요즘 인터넷상에서는, AI가 사람들의 개인 趣向을 분석한다. 이러한 데이터를 근거로, 사용자가 좋아할 법한 정보들이 推薦된다. 이것을 소위 AI 알고리즘이라 부른다. AI 알고리즘은 시간을 節約해 주고 우리의 關心事를 더 깊이 파고들 수 있게 도와준다는 장점이 있다.

그러나, AI 알고리즘의 단점이 없는 것은 아니다. 우선, 콘텐트 제작자들은 알고리즘의 公正性에 疑懼心을 가질 수도 있다.

다음으로, 사용자들이 자신이 좋아하는 정보에만 노출될 수 있다. 이로 인해, 사람들이 偏向적 시각을 가지게 될 수 있다. 이것이 사용자가 오로지 알고리즘에만 의존하는 習慣을 버려야 하는 이유이다.

01 趣向 취향 (趣 달릴 취 向 향할 향)
02 推薦 추천 (推 옮길 추 薦 천거할 천)
03 節約 절약 (節 마디 절 約 맺을 약)
04 關心事 관심사 (關 빗장 관 心 마음 심 事 일 사)
05 公正性 공정성 (公 공평할 공 正 바를 정 性 성품 성)
06 疑懼心 의구심 (疑 의심할 의 懼 두려워할 구 心 마음 심)
07 偏向 편향 (偏 치우칠 편 向 향할 향)
08 習慣 습관 (習 익힐 습 慣 버릇 관)

TOPIC 19

오디오 듣기

현금 없는 사회

Cashless Society

주제 토론 질문

01 Describe some payment methods other than cash. Which do you most prefer?
현금 이외의 다른 결제 수단을 말해 보세요. 가장 선호하는 수단은 무엇인가요?

02 What are the benefits of using cash less and less?
현금을 점점 덜 사용하는 것의 장점은 무엇인가요?

03 Have you ever tried using wireless payment services?
무선 결제 서비스를 사용해 본 경험이 있나요?

| 우리말 본문 |

현금 없는 사회

나는 현금을 거의 가지고 다니지 않는다. 결혼식에 참석하거나 부모님께 용돈을 드릴 때만 ATM에서 현금을 인출한다.

우리 부모님은 70대 후반이시다. 부모님께서도 현금으로 결제하시는 것보다 직불 카드나 신용 카드를 많이 사용하신다. 노년층조차도 현금을 덜 사용한다면 현금의 수명은 얼마 남지 않은 것 같다.

전 세계적으로도 현금을 받지 않는 상점들이 늘어나고 있다. 모바일 뱅킹 서비스와 빅테크 기업들의 다양한 디지털 지급 수단도 더욱 보편화되고 있다. 현금 없는 사회에 점점 더 가까워지는 느낌이다.

영어 본문

Cashless Society

I rarely **carry around cash** with me. I only **withdraw cash** at ATMs when I **attend a wedding** or when I **give my parents some money**.

My parents are both in their late 70s. They mostly use debit cards or credit cards as well, instead of **paying in cash**. If even **the elderly** use cash less, I believe that cash must **be on its last legs**.

All over the world, the number of businesses that do not accept cash **is on the rise**. Mobile banking services and various **digital payment solutions** from big tech companies are becoming more and more common. I feel like we **are edging toward** a **cashless society**.

 주요 표현

- **carry around cash**
  현금을 들고 다니다
- **withdraw cash**
  현금을 인출하다
- **attend a wedding**
  결혼식에 참석하다
- **give someone some money**
  ~에게 용돈을 주다
- **pay in cash**
  현금으로 결제하다
- **the elderly**
  노년층
- **be on one's last legs**
  수명이 얼마 남지 않다
- **be on the rise**
  증가세에 있다
- **digital payment solutions**
  디지털 결제 수단
- **be edging toward**
  ~에 다가가고 있다
- **cashless society**
  현금 없는 사회

| 낭독 연습 |

I **ra**rely carry a **round cash** / with me. / I **on**ly with**draw cash** at **ATMs** / when I at**tend** a **we**dding / or when I **gi**ve my **pa**rents / some **mo**ney.

My **pa**rents / are **both** in their **la**te **70s**. / They **most**ly use **de**bit cards / or **cre**dit cards as **well**, / in**stead** of **pay**ing in **cash**. / If **e**ven the **el**derly use cash **less**, / I be**lie**ve that **cash** / **must** be on its **last legs**.

All over the **world**, / the **num**ber of **bu**sinesses / that do **not** ac**cept cash** / is on the **ri**se. / **Mo**bile **ban**king services / and **va**rious digital **pay**ment so**lu**tions / from **big tech** companies / are be**co**ming **mo**re and **mo**re **co**mmon. / I **feel** like we are **ed**ging toward / a **cash**less so**cie**ty.

| 패턴 연습 |

01 **pay in cash** 현금으로 결제하다

- 우리 부모님조차 현금을 훨씬 덜 자주 사용하신다.
  Even my parents **pay in cash** much less frequently.
- 현금으로 결제하면 가격이 조금 더 저렴하다.
  It's a little cheaper if you **pay in cash**.
- 현금으로 결제하면, 반드시 영수증을 받도록 해.
  If you **pay in cash**, make sure to get a receipt.

02 **be on one's last legs** 수명이 얼마 남지 않다

- 현금의 수명은 얼마 남지 않은 것이 확실하다.
  Cash must **be on its last legs**.
- 그 기술은 수명이 얼마 남지 않았다.
  That technology **is on its last legs**.
- 그는 금방이라도 쓰러질 것처럼 보였다.
  He looked like he **was on his last legs**.

03 **be edging toward** ~에 다가가고 있다

- 우리는 현금 없는 사회에 다가가고 있다.
  We **are edging toward** a cashless society.
- 그 회사는 점차 파산 위기로 향하고 있다.
  The company **is edging toward** bankruptcy.
- 경제가 점점 침체기에 진입하고 있다.
  The economy **is edging toward** a recession.

| 대화문 |

A I can **pay with my credit card**, right?
B Oh, the network is down right now.
A But I don't **have any cash on me**.
B Could you **pay by bank transfer**?
A Sure.
B Thank you. Here is the **account number**.

A 신용 카드로 결제해도 되죠?
B 아, 지금 전산망 장애가 있어요.
A 하지만 지금 소지하고 있는 현금이 없는걸요.
B 그럼 혹시 계좌 이체로 결제하실 수 있나요?
A 그럼요.
B 감사해요. 계좌 번호 여기 있습니다.

 주요 표현

- **pay with one's credit card**
  신용 카드로 결제하다
- **have any cash on someone**
  수중에 현금을 들고 있다
- **pay by bank transfer**
  계좌 이체로 결제하다
- **account number**
  계좌 번호

| 입영작 연습 |

01 나는 신용 카드를 가져오지 않아서, 현금으로 결제해야 했다.
(pay in cash)

....

02 디지털카메라는 이제 거의 끝물인 것 같다.
(be on one's last legs)

....

03 두 나라는 점점 전면전으로 치닫고 있다.
(be edging toward)

....

04 나의 부모님은 대부분의 결제를 계좌 이체로 하신다.
(pay by bank transfer)

....

 정답

01. I didn't bring my credit card, so I had to **pay in cash**.
02. Digital cameras seem to **be on their last legs**.
03. The two countries **are edging toward** a full-scale war.
04. My parents **pay** for most things **by bank transfer**.

실생활 한자 익히기

나는 現金을 거의 가지고 다니지 않는다. 結婚式에 참석하거나 부모님께 용돈을 드릴 때만 ATM에서 現金을 引出한다.

우리 부모님은 70대 후반이시다. 부모님께서도 現金으로 결제하시는 것보다 直拂 카드나 信用 카드를 많이 사용하신다. 老年層조차도 現金을 덜 사용한다면 現金의 壽命은 얼마 남지 않은 것 같다.

전 세계적으로도 現金을 받지 않는 상점들이 늘어나고 있다. 모바일 뱅킹 서비스와 빅테크 기업들의 다양한 디지털 支給 수단도 더욱 보편화되고 있다. 現金 없는 사회에 점점 더 가까워지는 느낌이다.

01 現金 현금 (現 나타날 현 金 쇠 금)
02 結婚式 결혼식 (結 맺을 결 婚 혼인할 혼 式 법 식)
03 引出 인출 (引 끌 인 出 날 출)
04 直拂 직불 (直 곧을 직 拂 떨칠 불)
05 信用 신용 (信 믿을 신 用 쓸 용)
06 老年層 노년층 (老 늙을 노 年 해 년 層 층 층)
07 壽命 수명 (壽 목숨 수 命 목숨 명)
08 支給 지급 (支 지탱할 지 給 줄 급)

PART 3

기술 발전으로 인한 사회 문제

Social Challenges in the Rise of Technology

TOPIC 20

오디오 듣기

소셜 미디어

Social Media

주제 토론 질문

01 **Talk about how social media has changed your life.**
소셜 미디어가 본인의 인생을 어떻게 바꾸었는지 말해 보세요.

02 **Why do you think people share their lives on social media?**
사람들이 왜 소셜 미디어에 자신들의 인생을 공유한다고 생각하나요?

03 **How do you feel about the 'influencers' on social media?**
소셜 미디어의 '인플루언서'들에 대해 어떻게 생각하나요?

| 우리말 본문 |

소셜 미디어

소셜 미디어는 사람들이 소통하는 방법을 획기적으로 바꾸어 놓았다. 사람들은 지인들의 게시물을 통해서 그들의 근황을 살펴볼 수 있다. 메시지 기능을 통해서 서로 대화를 나눌 수도 있다.

요즘 소셜 미디어는 광고 플랫폼으로도 널리 사용되고 있다. 광고주들은 원하는 소비자들을 타깃으로 삼아 마케팅할 수 있다.

그러나, 소셜 미디어가 순기능만 있는 것은 아니다. 일단, 사용자의 사생활이 침해될 위험이 매우 높다. 사용자들의 개인 정보가 그들의 의지와는 반대로 공개될 수 있다. 또한, 만약 계정이 해킹되면 개인 정보도 유출될 수 있고 범죄에 악용될 우려도 있다.

| 영어 본문 |

Social Media

Social media has been a **game changer** in the way people communicate. Users can observe the **goings-on** of people they know through their posts. They can also **have conversations** through messages.

These days, social media is also widely used as **advertising platforms**. Advertisers can target the consumers they want in their marketing.

However, social media is **not all roses**. First, **there is a high risk of privacy infringement**. People's **personal information** can be exposed **against their will**. Plus, if an account is hacked, personal information could be leaked and used in crimes.

 주요 표현

- **game changer**
  파격적인 변화, 대격변
- **goings-on**
  근황
- **have a conversation**
  대화를 나누다
- **advertising platform**
  광고 플랫폼
- **not all roses**
  좋은 면만 있는 것이 아닌
- **there is a high risk of**
  ~할 위험이 높다
- **privacy infringement**
  사생활 침해
- **personal information**
  개인 정보
- **against one's will**
  의지와는 반대로

낭독 연습

Social **me**dia / has been a **ga**me changer / in the **way** people com**mu**nicate. / **U**sers can ob**ser**ve the **go**ings-on / of **peo**ple they **know** / through their **posts**. / They can **al**so have conver**sa**tions / through **me**ssages.

These days, / **so**cial **me**dia is **al**so widely **u**sed / as **ad**vertising **plat**forms. / **Ad**vertisers can **tar**get the con**su**mers they **want** / in their **mar**keting.

How**ev**er, / **so**cial **me**dia is **not** all **ro**ses. / First, / there is a **high** risk / of **pri**vacy in**frin**gement. / **Peo**ple's **per**sonal infor**ma**tion / can be ex**posed** / a**gainst** their **will**. / **Plus**, / if an ac**count** is **hack**ed, / **per**sonal infor**ma**tion could be **leak**ed / and **u**sed in **cri**mes.

| 패턴 연습 |

01 game changer 파격적인 변화, 대격변

- 소셜 미디어는 우리의 삶을 송두리째 바꾸어 놓았다.
  Social media has been a **game changer** in our lives.
- 스마트폰은 우리의 생활 방식에 엄청난 변화를 가져왔다.
  Smartphones have been a **game changer** in the way we live.
- 그 새로운 기술은 업계 전체의 판도를 바꿀 것이다.
  That new technology will be a **game changer** for the entire industry.

02 not all roses 좋은 면만 있는 것이 아닌

- 소셜 미디어가 순기능만 있는 것은 아니다.
  Social media is **not all roses**.
- 우리의 결혼 생활에 항상 좋은 면만 있는 것은 아니다.
  Our marriage is **not all roses**.
- 유명해지는 것이 장점만 있는 것만은 아니다.
  Becoming famous is **not all roses**.

03 against one's will 의지와는 반대로

- 이용자들의 개인 정보가 그들의 의지와는 반대로 공개될 수 있다.
  People's personal information can be exposed **against their will**.
- 그는 자신의 뜻과 다르게 회사를 떠나야 했다.
  He had to leave the company **against his will**.
- 그들은 자신들의 의지와는 다르게 다른 팀으로 보내졌다.
  They were sent to another team **against their will**.

| 대화문 |

A Are you **on social media**?
B I am, but I don't post things very often.
A So, you just **browse through** what other people post?
B Yeah.
A I **post things online** pretty often.
B I know. I often see the photos and videos you share.

A 소셜 미디어를 사용해?
B 사용하는데, 게시물을 자주 올리지는 않아.
A 그러면, 그냥 다른 사람들의 게시물을 둘러보는 거야?
B 맞아.
A 나는 게시물을 자주 올리는 편이야.
B 알아. 네가 공유하는 사진이나 영상들을 자주 봐.

 주요 표현

- **on social media**
  소셜 미디어를 사용하는
- **browse through**
  훑어보다, 둘러보다
- **post things online**
  온라인상에 게시하다

172　PART 03 | Social Challenges in the Rise of Technology

| 입영작 연습 |

01 온라인 쇼핑의 등장은 대격변을 불러일으켰다.
(game changer)

....

02 그것이 쉬울 줄 알았는데, 순조롭지만은 않았다.
(not all roses)

....

03 그들은 자신의 의지와 상관없이 강제로 일해야 했다.
(against one's will)

....

04 요즘은 대부분의 유명인들이 소셜 미디어를 사용한다.
(on social media)

....

 정답

01. The rise of online shopping was a **game changer**.
02. We thought it would be easy, but it was **not all roses**.
03. They were forced to work **against their will**.
04. Most famous people are **on social media** these days.

실생활 한자 익히기

소셜 미디어는 사람들이 疏通하는 방법을 획기적으로 바꾸어 놓았다. 사람들은 知人들의 게시물을 통해서 그들의 근황을 살펴볼 수 있다. 메시지 기능을 통해서 서로 대화를 나눌 수도 있다.

요즘 소셜 미디어는 廣告 플랫폼으로도 널리 사용되고 있다. 광고주들은 원하는 소비자들을 타깃으로 삼아 마케팅할 수 있다.

그러나, 소셜 미디어가 順機能만 있는 것은 아니다. 일단, 사용자의 사생활이 侵害될 위험이 매우 높다. 사용자들의 개인 정보가 그들의 의지와는 반대로 公開될 수 있다. 또한, 만약 계정이 해킹되면 개인 정보도 流出될 수 있고 범죄에 惡用될 우려도 있다.

01 疏通 소통 (疏 트일 소 通 통할 통)
02 知人 지인 (知 알 지 人 사람 인)
03 廣告 광고 (廣 넓을 광 告 알릴 고)
04 順機能 순기능 (順 순할 순 機 틀 기 能 능할 능)
05 侵害 침해 (侵 침노할 침 害 해할 해)
06 公開 공개 (公 공평할 공 開 열 개)
07 流出 유출 (流 흐를 유 出 날 출)
08 惡用 악용 (惡 악할 악 用 쓸 용)

TOPIC 21

오디오 듣기

소셜 미디어 중독

Social Media Addiction

💬 주제 토론 질문

01 **Why do you think some people are so preoccupied with social media?**
일부 사람들이 소셜 미디어에 지나치게 집착하는 이유는 무엇이라고 생각하나요?

02 **How can people overcome social media addiction?**
사람들이 소셜 미디어 중독을 어떻게 극복할 수 있을까요?

03 **Describe the negative aspects of social media on people's mental health.**
소셜 미디어가 사람들의 정신 건강에 미치는 부정적인 영향에 대해 말해 보세요.

| 우리말 본문 |

소셜 미디어 중독

한 달 전쯤 내가 소셜 미디어에 중독됐다고 인지하게 됐다. 나는 잠들기 바로 직전까지 휴대폰을 내려놓지 못했다. 그리고 아침에 일어나자마자 습관적으로 가장 먼저 소셜 미디어 앱을 켰다. 그러다 보니 회사 업무에도 부정적인 영향을 미쳤다. 나는 점점 내 소셜 미디어 중독의 심각성을 느꼈다.

그래서, 나는 나만의 규칙을 정했다. 아침부터 정오까지는 소셜 미디어 앱에 들어가지 않도록 했다. 처음에는 힘들었다. 하지만 계속해서 노력하다 보니 하루가 완전히 달라졌다.

일단, 아침 일찍 눈이 떠졌다. 또한, 소셜 미디어를 하는 대신 운동을 하거나 독서를 했다. 하루가 두 배로 길어진 느낌이어서, 마치 마법 같았다.

영어 본문

Social Media Addiction

I realized about a month ago that I **was addicted to** social media. I wasn't able to put my phone down until **right before I fell asleep**. And **as soon as I woke up** in the morning, I habitually opened my social media app. This **had a negative impact on** my work as well. I started to feel the **seriousness** of my social media addiction.

So, I decided to **set rules for myself**. I wouldn't check my social media from morning until noon. It **was difficult at first**. But as I continued to **make an effort**, my day became completely different.

First off, I started to get up early. Plus, I **worked out** or read books instead of **browsing social media**. It **was like magic**, making my day **feel twice as long**.

 주요 표현

- **be addicted to**
  ~에 중독되다
- **right before someone falls asleep**
  잠들기 바로 직전
- **as soon as someone wakes up**
  일어나자마자
- **have a negative impact on**
  ~에 악영향을 미치다
- **seriousness**
  심각성
- **set rules for oneself**
  스스로 규칙을 정하다
- **be difficult at first**
  ~이 처음에는 힘들다
- **make an effort**
  노력하다
- **work out**
  운동하다
- **browse social media**
  소셜 미디어를 둘러보다
- **be like magic**
  마법처럼 느껴지다
- **feel twice as long**
  두 배로 길게 느껴지다

| 낭독 연습 |

   / 끊어 읽기   ● 강세 넣기

I **re**alized a **month** ago **/** that I was ad**dic**ted to **so**cial **me**dia. **/** I **wasn't** able to put my **pho**ne **down /** until **right** before I **fell** a**sleep**. **/** And as **soon** as I woke **up /** in the **mor**ning, **/** I ha**bi**tually **o**pened my **so**cial media **app**. **/** **This** had a **ne**gative **im**pact **/** on my **work** as **well**. **/** I **star**ted to **feel** the **se**riousness **/** of my **so**cial **me**dia ad**dic**tion.

So, **/** I de**ci**ded to **set ru**les **/** for my**self**. **/** I **wouldn't** check my **so**cial **me**dia **/** from **mor**ning until **noon**. **/** It was **di**fficult at **first**. **/** But as I con**ti**nued to **make** an **e**ffort, **/** my **day** be**ca**me com**ple**tely **dif**ferent.

First off, **/** I **sta**rted to get **up ear**ly. **/** **Plus**, **/** I worked **out** or **read books /** in**stead** of **brow**sing **so**cial **me**dia. **/** It was like **ma**gic, **/** **ma**king my **day** feel **twice** as **long**.

| 패턴 연습 |

01 be addicted to ~에 중독되다

- 나는 소셜 미디어에 중독되었다.
  I **am addicted to** social media.
- 나는 카페인에 중독된 것 같다.
  I think I **am addicted to** caffeine.
- 그는 한때 게임에 중독되어 있었다.
  He **was addicted to** games at one point.

02 set rules for oneself 스스로 규칙을 정하다

- 나는 나만의 규칙을 정하기로 결심했다.
  I decided to **set rules for myself**.
- 시작하기에 앞서 너만의 규칙을 정해야 해.
  You should **set rules for yourself** before you begin.
- 너는 스스로 규칙을 정하고 그 규칙을 따라야 해.
  You must **set rules for yourself** and follow them.

03 browse social media 소셜 미디어를 둘러보다

- 소셜 미디어를 둘러보지 않는 대신 책을 읽었다.
  I read books instead of **browsing social media**.
- 나는 소셜 미디어를 둘러보면서 친구들이 뭐하고 있는지 본다.
  I **browse social media** to see what my friends are up to.
- 나는 소셜 미디어를 너무 오랫동안 들여다봐서 죄책감이 든다.
  I feel guilty spending so much time **browsing social media**.

| 대화문 |

A It feels like I'm browsing social media **all day long**.
B Me, too.
A My app keeps showing me content that's **right up my alley**.
B It's because of the algorithms.
A I think I should set rules for myself.
B I need to do that too actually.

A 소셜 미디어를 하루 종일 둘러보게 되는 것 같아.
B 나도 그래.
A 내 앱이 취향 저격 콘텐트들을 계속 보여 줘.
B 알고리즘 때문에 그래.
A 나만의 규칙을 정해야 할 것 같아.
B 실은 나도 그래야 해.

 주요 표현

- **all day long**
  하루 종일

- **right up someone's alley**
  ~의 취향에 딱 맞는

| 입영작 연습 |

01 그는 몇 년 동안 도박에 중독되었다.
(be addicted to)

02 중독되지 않으려면 너만의 규칙을 정해야 해.
(set rules for oneself)

03 소셜 미디어를 둘러보며 너무 많은 시간을 허비하기 쉽다.
(browse social media)

04 네 취향에 딱 맞는 것을 찾았어.
(right up someone's alley)

 정답

01. He **was addicted to** gambling for years.
02. You should **set rules for yourself** to avoid getting addicted.
03. It's easy to waste too much time **browsing social media**.
04. I found something that's **right up your alley**.

실생활 한자 익히기

한 달 전쯤 내가 소셜 미디어에 中毒됐다고 認知하게 됐다. 나는 잠들기 바로 직전까지 휴대폰을 내려놓지 못했다. 그리고 아침에 일어나자마자 習慣적으로 가장 먼저 소셜 미디어 앱을 켰다. 그러다 보니 회사 업무에도 부정적인 影響을 미쳤다. 나는 점점 내 소셜 미디어 중독의 深刻性을 느꼈다.

그래서, 나는 나만의 규칙을 정했다. 아침부터 正午까지는 소셜 미디어 앱에 들어가지 않도록 했다. 처음에는 힘들었다. 하지만 계속해서 노력하다 보니 하루가 완전히 달라졌다.

일단, 아침 일찍 눈이 떠졌다. 또한, 소셜 미디어를 하는 대신 운동을 하거나 讀書를 했다. 하루가 두 배로 길어진 느낌이어서, 마치 魔法 같았다.

01 中毒 중독 (中 가운데 중 毒 독 독)
02 認知 인지 (認 알 인 知 알 지)
03 習慣 습관 (習 익힐 습 慣 버릇 관)
04 影響 영향 (影 그림자 영 響 울릴 향)
05 深刻性 심각성 (深 깊을 심 刻 새길 각 性 성품 성)
06 正午 정오 (正 바를 정 午 낮 오)
07 讀書 독서 (讀 읽을 독 書 글 서)
08 魔法 마법 (魔 마귀 마 法 법 법)

TOPIC 22

오디오 듣기

피싱 사기

Phishing Schemes

주제 토론 질문

01 **What are some effective ways to prevent phishing schemes?**
피싱 사기를 예방할 수 있는 효과적인 방법은 무엇인가요?

02 **Have you or someone you know ever become a victim of a phishing scam?**
본인 또는 지인이 피싱 사기의 피해자가 된 적이 있나요?

03 **Have you ever received a smishing text message? Describe what it was like.**
스미싱 사기 문자를 받아 본 적 있나요? 어떤 메시지였는지 말해 보세요.

| 우리말 본문 |

피싱 사기

요즘 피싱 사기가 기승을 부리고 있다. 피싱(phishing)이란 '전화기(phone)'와 '낚시(fishing)'를 조합해서 만든 단어이다. 불법으로 취득한 개인 정보를 이용하여 돈을 빼돌리는 사기 행각의 일종이다. 스미싱과 보이스 피싱은 피싱 사기의 두 가지 주요 유형이다.

스미싱이란 문자 메시지(SMS)를 이용한 피싱 사기이다. 피해자가 문자 메시지에 포함된 웹 주소 링크(URL)를 클릭하면, 피해자의 휴대폰에 악성 코드(malware)가 설치된다. 그로 인해 개인 정보 또는 돈이 빠져나간다. 반면, 보이스 피싱은 전화 통화로 상대를 속이는 방식이다.

이러한 피싱 사기들은 교묘한 수법으로 진행된다. 마치 가족, 지인, 심지어 공공 기관처럼 행세하며 사람들을 속인다. 방심하면 이러한 사기에 넘어가기 쉽다.

| 영어 본문 |

Phishing Schemes

Phishing schemes are **running rampant** these days. Phishing is a word that combines 'phone' and 'fishing.' It's a type of **confidence scheme** that uses **illegally obtained** personal information to steal money. **Smishing** and **voice phishing** are two main types of phishing schemes.

Smishing is a **con** that uses text messages. When a victim **taps on** an internet link in a text message, malware is installed on their phone. Personal information or money is then stolen. Meanwhile, voice phishing uses phone calls to **take advantage of** the victim.

These phishing schemes use **underhanded methods**. They trick people by posing as family members, friends, or even **official institutions**. If you **let your guard down**, you can easily **be duped** by these schemes.

 주요 표현

- **phishing schemes**
  피싱 사기 행각
- **run rampant**
  기승을 부리다, 만연하다
- **confidence scheme(=con)**
  사기 행각
- **illegally obtained**
  불법으로 취득된
- **smishing**
  스미싱
- **voice phishing**
  보이스 피싱
- **tap on**
  (터치 화면을) 누르다
- **take advantage of**
  속이다, 불공정하게 이익을 취하다
- **underhanded method**
  교묘한 수법
- **official institution**
  공공 기관
- **let one's guard down**
  경계를 늦추다
- **be duped**
  속아 넘어가다

| 낭독 연습 |

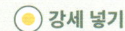

Phishing schemes **/** are running **ram**pant these **days**. **/**
Phishing is a **word /** that com**bi**nes '**pho**ne' **/** and '**fi**shing.' **/**
It's a **type** of **con**fidence **sche**me **/** that **u**ses il**le**gally ob**tain**ed
personal infor**ma**tion **/** to **steal mo**ney. **/ Smi**shing and **voi**ce
phishing **/** are **two** main **ty**pes of **phi**shing schemes.

Smishing is a **con /** that **u**ses **text** messages. **/** When a **vic**tim
taps on an **in**ternet link **/** in a **text** message, **/ mal**ware is
ins**tall**ed on their **pho**ne. **/ Per**sonal infor**ma**tion or **mo**ney **/**
is **then sto**len. **/ Mean**while, **/ voi**ce phishing uses **pho**ne
calls **/** to take ad**van**tage of the **vic**tim.

These phishing schemes **/** use under**hand**ed **me**thods. **/**
They **trick** people **/** by **po**sing as **fa**mily members, **/ fri**ends, **/**
or **e**ven offi**ci**al insti**tu**tions. **/** If you **let** your **guard down**, **/**
you can **ea**sily be **du**ped **/** by these **sche**mes.

| 패턴 연습 |

01 run rampant 기승을 부리다, 만연하다

- 피싱 사기가 기승을 부리고 있다.
  Phishing schemes are **running rampant**.
- 이번 겨울철에 독감이 급속도로 퍼지고 있다.
  The flu is **running rampant** this winter season.
- 온라인상에서 가짜 뉴스가 판을 치고 있다.
  Fake news **runs rampant** on the internet.

02 tap on (터치 화면을) 누르다

- 문자 메시지에 있는 링크는 누르지 말아야 한다.
  You shouldn't **tap on** an internet link in a text message.
- 주문하고 싶은 메뉴를 터치하면 된다.
  You should **tap on** the menu item you want to order.
- 원하는 것을 선택한 후 결제 버튼을 눌러라.
  Tap on the payment button after you choose what you want.

03 let one's guard down 경계를 늦추다

- 경계를 늦추면 당신은 쉽게 피해자가 될 수도 있다.
  If you **let your guard down**, you can easily become a victim.
- 우리는 절대 경계를 늦추지 말아야 한다.
  We should never **let our guard down**.
- 나는 긴장을 늦추는 바람에 결국 지고 말았다.
  I **let my guard down**, so I lost in the end.

| 대화문 |

A Phishing scams are **getting out of hand**.
B Yeah. The total **damages amount to** trillions of won.
A That's much more than I had thought.
B It's important to never share personal information **over the phone**.
A That's a **big no-no**.
B It's safer just to ignore **unfamiliar calls** or texts messages.

A 피싱 사기가 정말 심각한 수준인 것 같아.
B 응. 누적 피해액이 조 단위라고 해.
A 생각보다 훨씬 많네.
B 전화로 개인 정보를 절대로 공유하지 않는 것이 중요한 것 같아.
A 절대 안 되지.
B 출처가 불분명한 전화나 문자는 아예 무시하는 것이 더 안전해.

 주요 표현

- **get out of hand**
  걷잡을 수 없게 되다, 심각해지다
- **damages**
  피해액
- **amount to**
  ~에 달하다
- **over the phone**
  전화로
- **big no-no**
  절대 해서는 안 되는 것
- **unfamiliar calls**
  출처가 불분명한 전화

| 입영작 연습 |

01 그에 대한 악소문이 기승을 부리고 있다.
(run rampant)

....

02 나는 화면을 터치했지만 아무 일도 일어나지 않았다.
(tap on)

....

03 경계를 늦추면 사고가 날 수도 있다.
(let one's guard down)

....

04 물가 상승이 걷잡을 수 없는 지경에 이르고 있다.
(get out of hand)

....

정답

01. Bad rumors about him are **running rampant**.
02. I **tapped on** the screen, but nothing happened.
03. You can get in an accident if you **let your guard down**.
04. Inflation is **getting out of hand**.

실생활 한자 익히기

요즘 피싱 詐欺가 氣勝을 부리고 있다. 피싱(phishing)이란 '전화기(phone)'와 '낚시(fishing)'를 조합해서 만든 단어이다. 不法으로 취득한 개인 정보를 이용하여 돈을 빼돌리는 詐欺 행각의 일종이다. 스미싱과 보이스 피싱은 피싱 詐欺의 두 가지 주요 유형이다.

스미싱이란 문자 메시지(SMS)를 이용한 피싱 詐欺이다. 피해자가 문자 메시지에 포함된 웹 주소 링크(URL)를 클릭하면, 피해자의 휴대폰에 惡性 코드(malware)가 설치된다. 그로 인해 개인 정보 또는 돈이 빠져나간다. 반면, 보이스 피싱은 전화 통화로 상대를 속이는 방식이다.

이러한 피싱 詐欺들은 巧妙한 수법으로 진행된다. 마치 가족, 지인, 심지어 公共 기관처럼 行世하며 사람들을 속인다. 放心하면 이러한 詐欺에 넘어가기 쉽다.

01 詐欺 사기 (詐 속일 사 欺 속일 기)
02 氣勝 기승 (氣 기운 기 勝 이길 승)
03 不法 불법 (不 아닐 불 法 법 법)
04 惡性 악성 (惡 악할 악 性 성품 성)
05 巧妙 교묘 (巧 공교할 교 妙 묘할 묘)
06 公共 공공 (公 공평할 공 共 함께 공)
07 行世 행세 (行 다닐 행 世 인간 세)
08 放心 방심 (放 놓을 방 心 마음 심)

TOPIC 23

오디오 듣기

노모포비아

Nomophobia

주제 토론 질문

01 **What do you miss the most when you don't have your phone?**
전화기를 소지하고 있지 않을 때 가장 허전한 점은 무엇인가요?

02 **What can we do to reduce our dependence on our phones?**
휴대폰에 대한 의존증을 낮추기 위해 우리는 무엇을 할 수 있을까요?

03 **In your view, what is the right age for kids to get cell phones?**
본인 생각에, 아이들이 휴대폰을 사용하기 시작하는 적절한 나이는 몇 살인가요?

| 우리말 본문 |

노모포비아

최근에 노모포비아(Nomophobia)라는 말이 생겨났다. 이 용어는 'No Mobile Phone Phobia'의 줄임말이다. 사람들이 휴대폰을 소지하지 않을 때 느끼는 불안 증세를 말한다.

스마트폰은 다양한 방식으로 일상생활을 편리하게 해 준다. 그러나 이러한 편리함의 이면에는 부작용도 있다. 우리는 한시도 휴대폰에서 눈을 떼지 못한다. 휴대폰이 없으면 불안감을 느끼기도 한다.

이러한 증상을 완화하기 위해 전문가의 상담을 받는 것이 좋을 수 있다. 혹은 짧게나마 휴대폰 없이 지내는 연습을 하는 것도 도움이 될 수 있다.

| 영어 본문 |

Nomophobia

Nomophobia is a **newly-coined term**. **It's short for** 'No Mobile Phone Phobia.' It refers to the **sense of anxiety** that people get when they don't **have their phones on them**.

Smartphones **facilitate everyday life** in many ways. But **on the flip side**, all this convenience **has its side effects**. We rarely **take our eyes off** our phones. We even **feel nervous** when we don't have them.

Seeking professional help may reduce these symptoms. It might also be helpful to practice going without phones **for short periods of time**.

 주요 표현

- **newly-coined term**
  신조어
- **be short for**
  ~의 줄임말이다
- **sense of anxiety**
  불안감
- **have one's phone on one**
  휴대폰을 소지하고 있다
- **facilitate everyday life**
  일상생활을 편리하게 해 주다
- **on the flip side**
  반면에, 이면에
- **have its side effects**
  (나름의) 부작용이 있다
- **take one's eyes off**
  ~에서 눈을 떼다
- **feel nervous**
  불안감을 느끼다
- **seek professional help**
  전문가의 도움을 받다
- **for short periods of time**
  짧은 시간씩

| 낭독 연습 |

⊘ 끊어 읽기   ● 강세 넣기

Nomo**pho**bia **/** is a **new**ly-coined **term**. **/** It's **short** for **/** '**No Mo**bile Phone **Pho**bia.' **/** It re**fers** to the **sen**se of an**xie**ty that people **get /** when they **don't** have their **pho**nes **/ on** them.

Smartphones fa**ci**litate **e**veryday life **/** in **ma**ny ways. **/** But on the **flip** side, **/ all** this con**ve**nience **/** has its **si**de ef**fects**. **/** We **ra**rely take our **e**yes **/ off** our **pho**nes. **/** We **e**ven feel **ner**vous **/** when we **don't ha**ve them.

Seeking pro**fe**ssional **help /** may re**du**ce these **sym**ptoms. **/** It might **al**so be **help**ful **/** to **prac**tice **go**ing without **pho**nes **/** for **short pe**riods of **ti**me.

| 패턴 연습 |

01 **facilitate everyday life** 일상생활을 편리하게 해 주다

- 스마트폰은 다양한 방식으로 일상생활을 편리하게 해 준다.
  Smartphones **facilitate everyday life** in various ways.
- 많은 디지털 기기들이 우리의 일상생활을 편리하게 해 준다.
  Many digital devices **facilitate everyday life**.
- 이 앱은 제대로 사용하기만 하면 일상생활을 편리하게 만들어 줄 수 있다.
  This app can **facilitate everyday life** if you use it properly.

02 **take one's eyes off** ~에서 눈을 떼다

- 우리는 한시도 휴대폰에서 눈을 떼지 못한다.
  We rarely **take our eyes off** our phones.
- 운전을 할 때는 도로에서 절대로 눈을 떼면 안 된다.
  You should never **take your eyes off** the road when you drive.
- 나는 화면에서 한순간도 눈을 뗄 수 없었다.
  I couldn't **take my eyes off** the screen.

03 **seek professional help** 전문가의 도움을 받다

- 전문가의 도움을 받으면 이러한 증상이 완화될 수 있다.
  Seeking professional help can reduce these symptoms.
- 전문가의 도움을 받는 것을 부끄러워할 필요는 없다.
  You shouldn't be ashamed of **seeking professional help**.
- 최후의 수단으로, 전문가의 도움을 받아 보기로 했다.
  As a last resort, we decided to **seek professional help**.

| 대화문 |

A I often **stay up late** looking at my phone.
B Me, too. I feel like my **eyes are glued to** my phone all day.
A Don't you **feel on edge** if you don't have your phone with you?
B I do.
A Same here.
B I think I should **cut down on** my phone use.

A 휴대폰을 보다가 자주 늦게 자요.
B 저도 그래요. 하루 종일 휴대폰만 보고 있는 느낌이에요.
A 휴대폰이 없으면 불안한 느낌이 들지 않나요?
B 맞아요.
A 저도 마찬가지예요.
B 휴대폰 사용 시간을 줄여야겠어요.

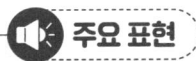 주요 표현

- **stay up late**
  늦게까지 깨어 있다
- **eyes are glued to**
  눈이 ~만을 주시하다
- **feel on edge**
  불안하다
- **cut down on**
  ~을 절감하다, 줄이다

| 영작 연습 |

01 휴대폰은 일상을 편리하게 해 주지만, 부작용도 있다.
(facilitate everyday life)

02 아들이 TV 화면에서 눈을 떼지 못했다.
(take one's eyes off)

03 전문가의 도움을 받은 후 내 증상들이 많이 호전되었다.
(seek professional help)

04 나는 경기 내내 화면에서 눈을 뗄 수 없었다.
(eyes are glued to)

 정답

01. Phones can **facilitate everyday life**, but there are side effects as well.
02. My son couldn't **take his eyes off** the TV screen.
03. My symptoms got much better after **seeking professional help**.
04. My **eyes were glued to** the screen during the entire match.

실생활 한자 익히기

최근에 노모포비아(Nomophobia)라는 말이 생겨났다. 이 용어는 'No Mobile Phone Phobia'의 줄임말이다. 사람들이 휴대폰을 所持하지 않을 때 느끼는 不安 증세를 말한다.

스마트폰은 다양한 방식으로 日常生活을 편리하게 해 준다. 그러나 이러한 편리함의 이면에는 副作用도 있다. 우리는 한시도 휴대폰에서 눈을 떼지 못한다. 휴대폰이 없으면 不安감을 느끼기도 한다.

이러한 症狀을 緩和하기 위해 전문가의 相談을 받는 것이 좋을 수 있다. 혹은 짧게나마 휴대폰 없이 지내는 練習을 하는 것도 도움이 될 수 있다.

01 所持 소지 (所 바 소 持 가질 지)
02 不安 불안 (不 아닐 불 安 편안할 안)
03 日常生活 일상생활 (日 날 일 常 항상 상 生 날 생 活 살 활)
04 副作用 부작용 (副 버금 부 作 지을 작 用 쓸 용)
05 症狀 증상 (症 증세 증 狀 형상 상)
06 緩和 완화 (緩 느릴 완 和 화할 화)
07 相談 상담 (相 서로 상 談 말씀 담)
08 練習 연습 (練 익힐 연 習 익힐 습)

TOPIC 24

오디오 듣기

온라인 댓글

Online Comments

💬 주제 토론 질문

01 **Do you think people should use their real names when leaving online comments?**
사람들이 온라인 댓글을 남길 때 실명을 사용해야 한다고 생각하나요?

02 **What are some guidelines people should follow when leaving online comments?**
사람들이 온라인 댓글을 남길 때 따라야 하는 가이드라인에는 무엇이 있나요?

03 **Why do you think people become aggressive or rude online?**
사람들이 온라인상에서 공격적이거나 무례하게 행동하는 이유는 무엇이라고 생각하나요?

| 우리말 본문 |

온라인 댓글

현대 사회에서 온라인 댓글은 다양한 의견을 표현하는 수단으로 사용되며 나름 하나의 장르가 되었다. 게다가, 재치 있는 댓글에서 훌륭한 언어 유희를 발견할 때도 많다. 한 줄의 댓글이 글쓴이의 마음을 아프게 할 수도, 기쁘게 할 수도 있다.

말로 전달한 언어는 흩어져 사라질 수 있다. 하지만, 글로 전달한 언어는 그 공간에 박제되어 남는다. 그 글은 누군가를 돕는 손길이 되기도 하며 누군가를 낭떠러지로 미는 발길질이 되기도 한다.

우리가 지금까지 남긴 온라인 댓글들은 우리 자신의 과거, 현재, 미래를 보여 주는 거울이 될 수 있다. 한 줄 댓글에 진심을 담아 글쓴이를 격려한다면, 그 행복이 다시 우리에게 돌아올 수 있다.

| 영어 본문 |

Online Comments

In modern society, online comments have become **a genre of their own** as they are used to **express various opinions**. What's more, we can often find a great **play on words** in a **witty** comment. A single online comment can either **hurt the author's feelings** or **bring joy to their hearts**.

Spoken language may **disperse and vanish**. However, written language **is preserved** in that space. It can **extend a helping hand** to someone or kick them off a cliff.

All the online comments we've left **to date** might serve as a mirror reflecting our past, present, and future. If we support an author by **leaving a sincere comment**, that happiness may **find its way back to** us.

 주요 표현

- **a genre of something's own**
  하나의 자체적인 장르
- **express various opinions**
  다양한 의견을 표현하다
- **play on words**
  언어유희
- **witty**
  재치 있는
- **hurt someone's feelings**
  마음을 아프게 하다
- **bring joy to someone's heart**
  큰 기쁨을 주다
- **disperse and vanish**
  흩어져 사라지다
- **be preserved**
  보존되다
- **extend a helping hand**
  도움의 손길을 내밀다
- **to date**
  지금까지
- **leave a sincere comment**
  진심 어린 댓글을 달다
- **find one's way back to**
  ~으로 결국 돌아오다

| 낭독 연습 |

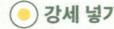 끊어 읽기   ● 강세 넣기

In **mo**dern so**cie**ty, / **on**line **co**mments / have be**co**me a **gen**re of their **own** / as they are **u**sed to ex**press va**rious o**pi**nions. / What's **mo**re, / we can **of**ten **find** / a **great play** on words / in a **wit**ty **com**ment. / A **sin**gle online **com**ment / can either **hurt** the author's **fee**lings / or bring **joy** to their **hearts**.

Spoken language / may dis**per**se and **va**nish. / How**e**ver, / **wri**tten language is pre**ser**ved / in that **spa**ce. / It can ex**tend** a **hel**ping hand to **so**meone / or **kick** them **off** a **cliff**.

All the **on**line **co**mments / we've **left** to **da**te / might **ser**ve as a **mi**rror / re**flec**ting our **past**, / **pre**sent, / and **fu**ture. / If we sup**port** an **au**thor / by **lea**ving a sin**ce**re **co**mment, / **that hap**piness / may **find** its way **back** to us.

| 패턴 연습 |

01 **play on words** 언어유희

- 재치 있는 댓글에서 훌륭한 언어유희를 자주 발견할 때가 많다.
  We can often find a great **play on words** in a witty comment.
- 그 제목은 언어유희로 지어졌다.
  The title is a **play on words**.
- 언어유희는 번역하기 매우 까다롭다.
  A **play on words** is very hard to translate.

02 **hurt someone's feelings** 마음을 아프게 하다

- 한 줄의 댓글이 글쓴이의 마음을 아프게 할 수 있다.
  A single online comment can **hurt the author's feelings**.
- 네가 그렇게 말했을 때 나는 마음이 아팠어.
  You **hurt my feelings** when you said that.
- 너에게 상처를 주려는 의도는 아니었어.
  I didn't mean to **hurt your feelings**.

03 **leave a sincere comment** 진심 어린 댓글을 남기다

- 진심 어린 댓글을 남기는 것은 정말 놀라운 효과를 가져올 수 있다.
  Leaving a sincere comment can do wonders.
- 그는 친구의 게시물에 진심 어린 댓글을 남겼다.
  He **left a sincere comment** on his friend's post.
- 나는 제품 후기에 진솔한 의견을 남겼다.
  I **left a sincere comment** in the product review.

| 대화문 |

A Do you often leave long comments?
B Yes, I tend to do that.
A Good for you.
B A small comment can **make the author's day**.
A Oh, I can **relate to** that **from my own experience**.
B I hope the trend of leaving kind comments will **gain traction**.

A 긴 댓글을 자주 다시는 편인가요?
B 네, 그러는 편이에요.
A 참 좋네요.
B 작은 댓글 하나가 글쓴이의 하루를 즐겁게 할 수 있어요.
A 아, 저도 그것을 경험해 봐서 공감이 돼요.
B 따뜻한 댓글을 다는 문화가 더욱 확산되면 좋겠어요.

 주요 표현

- **make someone's day**
  ~의 하루를 즐겁게 하다
- **relate to**
  ~에 공감하다
- **from one's own experience**
  개인 경험을 바탕으로
- **gain traction**
  널리 확산되다, 호응을 얻다

| 입영작 연습 |

01 이 표현은 언어유희인 것 같다.
(play on words)

....

02 나는 네가 그 말을 할 때마다 상처를 받아.
(hurt someone's feelings)

....

03 그녀는 고마운 마음을 표현하기 위해 진심 어린 댓글을 남겼다.
(leave a sincere comment)

....

04 상냥한 미소가 누군가의 하루를 즐겁게 할 수 있다.
(make someone's day)

....

 정답

01. I think this expression is a **play on words**.
02. It **hurts my feelings** whenever you say that.
03. She **left a sincere comment** to express her gratitude.
04. A gentle smile can **make someone's day**.

실생활 한자 익히기

현대 사회에서 온라인 댓글은 다양한 意見을 표현하는 手段으로 사용되며 나름 하나의 장르가 되었다. 게다가, 才致 있는 댓글에서 훌륭한 言語遊戱를 발견할 때도 많다. 한 줄의 댓글이 글쓴이의 마음을 아프게 할 수도, 기쁘게 할 수도 있다.

말로 전달한 언어는 흩어져 사라질 수 있다. 하지만, 글로 전달한 언어는 그 공간에 剝製되어 남는다. 그 글은 누군가를 돕는 손길이 되기도 하며 누군가를 낭떠러지로 미는 발길질이 되기도 한다.

우리가 지금까지 남긴 온라인 댓글들은 우리 자신의 과거, 현재, 미래를 보여 주는 거울이 될 수 있다. 한 줄 댓글에 眞心을 담아 글쓴이를 激勵한다면, 그 幸福이 다시 우리에게 돌아올 수 있다.

01 意見 의견 (意 뜻 의 見 볼 견)
02 手段 수단 (手 손 수 段 구분 단)
03 才致 재치 (才 재주 재 致 이를 치)
04 言語遊戱 언어유희 (言 말씀 언 語 말씀 어 遊 놀 유 戱 놀 희)
05 剝製 박제 (剝 벗길 박 製 지을 제)
06 眞心 진심 (眞 참 진 心 마음 심)
07 激勵 격려 (激 격할 격 勵 힘쓸 려)
08 幸福 행복 (幸 다행 행 福 복 복)

MEMO